中国植物性食品产业
发展报告
2023

刘 锐 何绍群 主编

金盾出版社

JINDUN PUBLISHING HOUSE

内 容 提 要

本书全面介绍了植物性食品（植物肉、植物奶、全谷物食品、高 n-3 多不饱和脂肪酸植物油）的发展背景、产业进程、产品发展现状与技术革新，为植物性食品的创新发展提供了思路。本书适合农产品加工、食物营养健康相关从业人员与广大消费者阅读和参考。

图书在版编目（CIP）数据

中国植物性食品产业发展报告2023 / 刘锐，何绍群主编. -- 北京：金盾出版社，2025.4. -- ISBN 978-7-5186-1841-5

Ⅰ．F426.82

中国国家版本馆 CIP 数据核字第 2024VL4483 号

中国植物性食品产业发展报告2023

ZHONGGUO ZHIWUXING SHIPIN CHANYE FAZHAN BAOGAO 2023

刘 锐 何绍群 主编

出版发行：金盾出版社	开 本：889mm×1194mm 1/32
地 址：北京市丰台区晓月中路29号	印 张：4.75
邮政编码：100165	字 数：76 千字
电 话：（010）68276683	版 次：2025 年 4 月第 1 版
（010）68214039	印 次：2025 年 4 月第 1 次印刷
印刷装订：北京凌奇印刷有限责任公司	定 价：38.00 元
经 销：新华书店	

编审委员会

目 录

CONTENTS

绪　　论

1. 植物性食品的定义

近年来，随着消费者理念的升级、素食文化的兴起、对环境保护与动物福祉责任感的增强等，让植物性食品自带光环，植物性食品营养已成为饮食界讨论的焦点。植物性食品，也称植物基食品，是一个相对较新的术语，它代表了一种积极的绿色饮食运动，即仅使用植物食材，直接以植物原料或其加工品为主要原料，添加或不添加其他配料、食品添加剂或营养强化剂。植物性食品可以满足素食人群的膳食需求，也可作为保护动物、实现农业和食品产业低碳可持续发展的解决方案，因此得到越来越多消费者的青睐。从营养角度来看，植物性食品具有优良的营养健康效能。其中，植物蛋白能够满足人对氨基酸、蛋白质的营养需求，诸如大豆蛋白是优质蛋白质。此外，植物蛋白还具有低饱和脂肪酸、零胆固醇、无抗生素等特点。目前，"植物肉""植物奶"等新产品大量进驻市场，几乎在所有渠道中都看到了植物性食品的增长。随着消费者健康意识和环保意识的增强，植物性食品在中国显示出非常大的发展潜力，头部食品企业纷纷开始关注和进行植物性食品的产业布局，2020年可以说是植物性食品发展的爆发年。

2. 植物性食品的受众人群

植物性食品之所以引起食品企业的高度关注，主要还是源于潜在的市场需求。具体来说，包括以下的受众人群。

（1）素食主义者，包括素食主义者和不完全素食者。素食，已经成为一种新兴的环保、可持续生活方式。悄然传播的素食文化，使得素食在某种程度已成为时尚代名词。美国有1/10人口、英国有1/6人口已经或正在考虑成为素食者。目前，素食产业和素食理念发展日渐成熟，从健康的角度来说，多种形式的植物性食品已可以充分满足素食者的营养需求。

（2）重视食品安全与营养健康的人群。这一类人群对动物源食品的排斥主要有两方面的原因：一是认为动物源食品含有抗生素及致病菌等。二是动物源食品通常含有较高比例的胆固醇和饱和脂肪酸，这与心脑血管疾病、肿瘤等慢性病的发病率密切相关。

（3）关注环保和生态可持续发展的人群。现阶段，动物源食品主要是依赖畜牧业提供，但畜牧业属于资源密集型产业，发展过程中需要耗费大量的自然资源，并且对生态环境也会产生一定破坏。这一产业的发展，需要占用大量的土地资源和水资源，同时排放大量的温室气体。因此，环境友好且营养健康的植物性食品更受到这一人群的青睐。

（4）年轻时尚、喜欢新鲜食物的消费者。在"健康、绿色"理念更加深入人心的国际市场，植物性食品已呈现蓬勃发展的态势，一些年轻时尚、追求更高生活品质的消费者已成为植物性食品的忠实拥护者，而且消费群体规模不断扩大，这也是各大品牌和行业巨头纷纷布局这个领域的动力所在。

3. 植物性食品的种类

毫无疑问，基于庞大消费群体和潜在受众人群，植物性食品市场正在蓬勃发展，植物性食品是当下食品领域的热点，食品饮料制造商也因此迎来新的市场增长机会点——从植物奶、植物酸奶到素食奶酪、植物基巧克力，以植物奶为代表的植物性食品领域也迎来了腾飞的时刻。与此同时，中粮、伊利、蒙牛、雀巢、联合利华、农夫山泉等食品企业也都在布局植物性食品领域。目前，市场上比较热的植物性食品有四大类。

（1）植物肉。植物肉是指以植物蛋白为原料的植物蛋白肉。近年来，由于人口增长导致动物肉制品供需失衡，动物肉类的生产对资源环境带来巨大压力，且动物肉类生产过程中饲料转化率低、消费过程中容易引发安全和健康问题等，所以加速了植物肉的研发和推广。其中，植物肉是由素鸡等传统素食发展而来，具有较好的营养价值和感官属性，在质地、口感、风味和外观等方面与动物肉制品较为相似。将大豆、豌豆、小麦等植物蛋白通过挤压、剪切、纺丝等技术获得纤维状结构是植物肉生产的关键。经过近几年的研发和推广，目前全球植物肉市场增速较快，未来市场前景广阔。

（2）植物奶。植物奶是以豆类（如大豆、豌豆）、坚果类（如杏仁、核桃、榛子、巴旦木等）、谷物类（如大米、燕麦）或者其他种子类（如芝麻、火麻仁、亚麻籽等）为原料制成的，具有与牛奶制品类似外观和口感的植物蛋白饮品。这一类产品最初是针对牛奶及其制品过敏人群或伴有乳糖不耐受症状患者开发出来的。植物奶含有丰富的维生素、膳食纤维和矿物质，有些品类还富含多酚类、黄酮类等生物活性成分，具有一定的营养价值和膳食补充性。植物奶可以直接饮用，也适合搭配咖啡、茶饮等。目前，植物奶市场进入了厚积薄发新赛道，"OATLY燕麦奶"在国际市场上迅速走红，且伊利等传统乳业巨头也在不断加码布局植物奶；在品类创新方面，植物奶除了大豆、椰子、燕麦等常见原料，亚麻籽、腰果、巴旦木等新植物原料被发掘制备植物奶和植物基酸奶。植物奶虽然在营养健康方面发展前景巨大，但仍需要不断创新原料和加工技术，实现产品的多样化和营养均衡化。

（3）全谷物食品。这一类植物性食品对人体健康有许多益处，可维持健康体重，降低心血管疾病、2型糖尿病以及某些癌症的患病风险，同时有益于肠道健康，降低肠道疾病患病风险。因此，世界各国掀起了研发和消费全谷物食品的热潮，美国、澳大利亚等国家通过发表全谷物食品健康声明和全谷物食品标签来引导消费和规范市场。在中国，随着慢性病患病率不断攀升和居民营养健康意识增强，消费者对全谷物及全谷物食品的关注度不断加深。在国家政策和社会需求背景下，中国全谷物加工技术和全谷物食品研发迎来了新的发展态势，国家对全谷物研究项目支持也不断增多。从全谷物制粉碾米到全谷物加工改性再到全谷物食品品质改良等过程，需要各种传统和新型、物理和生化技术手段来创新和实践。

（4）多不饱和脂肪酸植物油。α-亚麻酸（ALA）是n-3不饱和脂肪酸的主要来源之一，其具有降压调脂、调节免疫、抗肿瘤、保护神经、预防过敏反应和改善记忆等功能功效，ALA摄入不足易引发人体炎症反应。现阶段，由于食用油摄入量增加，n-6/n-3比例失衡，n-3摄入量严重不足。亚麻籽油、紫苏籽油为富含ALA的典型代表，其中的ALA含量达50%以上。紫苏籽油是目前发现ALA含量最高的植物油之一。世界上许多国家一直在研究紫苏，开发和利用紫苏中多酚类、黄酮类等活性物质以及丰富的脂肪、蛋白质等营养物质生产紫苏系列健康产品。亚麻籽油、紫苏籽油等富含ALA植物油在食品领域的应用主要包括：健康食用油、营养强化食品和保健食品。

综合看来，植物性食品是未来全球食品行业发展的重要方向。2019年联合国发布的《世界人口展望》报告显示，2050年世界人口将增长到约97亿，按照目前的发展模式，能否供给更充足的蛋白质和营养素是人类社会所面临的新挑战。植物性食物具有资源消耗低、来源丰富、环境友好的特点，大力发展植物性食品，是人类对未来食物需求的必然选择。现阶段，中国植物蛋白应用仍主要在饲料领域，直接用于食品工业的场合并不多，而中国拥有丰富的植物蛋白资源，却尚未对其进行高效利用。为实现农业与食品产业的可持续发展，亟需充分挖掘消费者需求，扩大植物资源在食品领域的应用范围，对中国植物性食品资源进行高效利用并积极开发相关产品。本报告主要以热点植物性食品（植物肉、植物奶、全谷物食品、多不饱和脂肪酸植物油）为主要对象，对其产业现状、技术进展及市场前景进行了论述和讨论，供行业从业人员、科研工作者和消费者阅读参考。

4. 植物性食品展望

整体来看，植物性食品代表了食品科学研究与开发的最新方向，它以来源更加丰富多元的植物为原料，能够满足人们对于营养健康和饮食多样化的需要，值得食品行业加大研究投入和开发力度，同时从保护环境、绿色低碳发展等全球需求出发，植物性食品是大势所趋。但是植物性食品的发展目前处于成长阶段，存在一些待解决问题。

（1）健全植物基食品相关规范与认证，提供法律支持

植物肉、植物奶等植物基食品迅速走红，伊利、雀巢、联合利华、肯德基、农夫山泉、加多宝等头部食品企业开始布局植物基食品市场，产业规模越来越大，然而消费者如何辨别植物基食品成为一个难点。植物基食品认证和相关标志是架起企业产品和消费者之间信任的桥梁，同时也是消费者识别植物基食品最简单最有效的方法。让消费者通过认证标志来识别食品属性和功能是目前国际上比较通行的做法。2021年5月10日，全球绿色联盟（北京）食品安全认证中心官方网站发布关于开展植物基食品认证的公告。《植物基食品认证实施规则》和《植物基食品认证标志》已经依法于2021年5月10日在《国家认证认可监督管理委员会》（以下简称国家认监委）完成了正式备案，具有法律效力。根据国家相关规定，通过植物基食品认证的产品，可以在包装、标签、广告、宣传、说明书等使用植物基食品认证标志，以证明该食品通过了植物基食品认证。这一规定的出台对行业来说意义重大，既可以规范企业行为、减少行业歧见，也给消费者提供选购产品时的依据。

植物基食品相关法规的制定和完善也需要提上日

程。目前，美国植物基食品协会先后发布植物乳、植物基酸奶和植物肉等多项植物基产品的标识规范，欧盟还未出台植物基食品相关标准或法规。在中国，中国食品科学技术学会已发布团体标准《植物基肉制品》《植物基食品通则》，为规范、引导中国植物基食品行业发展发挥积极作用。在更高层级的标准及法规制定方面，还需进一步开展工作。

（2）开展食物教育，从全民健康和可持续发展的角度引导消费

关于植物性食品的发展意义、产品特点、营养价值，大多数消费者并不清楚，例如，不少居民认为燕麦奶是燕麦和牛奶的混合物。认知存在误区、产品辨识能力较差是目前中国植物性食品发展面临的瓶颈，需要根据国情、民情实际需求进行植物性食品的科普教育与消费引导。企业、科研机构、行业协会和政府等不同主体应立足于自身的工作侧重点、利益出发点、能力优势，从不同角度应用不同方式开展科普教育与消费引导工作。企业有雄厚的资金、完善的基础设施；科研机构有较强的科研能力和专家团队；协会有权威的市场信息和号召能力；政府部门则可通过政策、法规和标准规范引导行业发展。尤其是生产企业，可以直接借助自身的工厂、产品、技术和资金优势，发展工业旅游和研学活动。这不仅是一种品牌提升策略，也是一种发挥企业社会责任的创新方式。

（3）引入各种新型加工技术，开发更多更好的产品

随着素食主义者、关注环境和可持续发展的人群不断增加，植物性食品行业发展日新月异，新产品层出不穷，消费动力强劲，尤其是植物蛋白、植物纤维、植物活性成分、植物甜味剂、植物着色剂等飞速发展，各种物理、化学、生物等新型加工技术的发展也随之发展。比如，以大豆蛋白、小麦蛋白、豌豆蛋白等植物蛋白为主要原料的植物肉，采用挤压技术加工而成。这种技术分为低水分挤压技术和高水分挤压技术两种，前者主要用于肉制品添加物，而后者则具有丰富的纤维结构和类似动物肉类的质地。目前，高水分挤压技术已实现了由纤维结构形成机理的研究到关键技术装备与产品开发的突破。

第1部分

植物肉产业发展与
技术创新

　　动物肉类被认为是高质量的蛋白质来源，不仅因为它的营养价值，还有它独特的口感和味道。动物蛋白的作用是多重的，一方面，富含人体必需的氨基酸，具有很高的营养价值；另一方面，具有凝胶化、乳化性和保水性等功能，在食品工业中起到重要作用。动物蛋白所具有的这种营养性和功能性很难被其他食物所实现。

　　20世纪以来发生的食物结构转变使动物肉类成为全球主要的蛋白质来源，动物肉制品在世界各地，尤其是发展中国家，居民膳食结构中所占比重快速增长。随着全球人口的不断增长，预计到2030年全球每年的人均动物肉类消费量将增加到45.3kg，动物肉类产量需在现有基础上增加大约50%～72%，才能满足与人口增长相适应的蛋白质和营养需求（Steinfeld et al.，2006；Fiala，2008）。全球范围内动物肉类生产和消费的急剧增加引发了土地和水资源匮乏、环境污染、温室气体过量排放、生物多样性降低、心血管疾病和结直肠癌发病率提高等方面的问题，这些引起人们对饮食和公共卫生问题的关注，并开始强调向低动物肉类消费过渡的重要性。但迄今为止，世界上的素食主义者所占人口比例非常小

（发达国家仅为2%～10%）（Corrin and Papadopoulos，2017），大多数的消费者不愿减少对动物肉类的消费。随着食品科学技术的发展以及传统农业系统的改变，出现了一些新型的动物肉类替代品，它们被称为人造肉、假肉或仿制肉，在英文中也有多种术语，如"Meat Analogues""Meat Alternatives""Artificial Meat"等。近几年出现的人造肉产品主要有两种，第一种是以大豆、小麦等植物蛋白为原料的"植物蛋白肉"（Plant protein-based Meat），第二种是基于细胞组织工程的"细胞培养肉"（Cultured Meat），通过这两种方法生产的人造肉在质地、风味、外观等方面与动物肉类十分相似，在一定程度上可以减少动物肉类消费，从而缓解动物肉类生产过程中带来的资源、环境、健康、伦理等方面的问题，这将会成为未来食品生产的重要发展趋势。

随着人们对植物肉产品兴趣日益增加，引发了这样一些问题：这些植物肉产品与传统素食产品（如素鸡、素鲍鱼等）有什么区别，是否能满足人们对于动物肉类在营养和感官方面的需求，是否存在安全问题，是否可以合理地占有未来的肉制品市场。本部分以植物肉为重点，从发展必要性、研究进展、生产技术以及未来展望和挑战等方面进行系统论述。

1 植物肉发展背景

1.1 人口增长导致动物肉制品供需失衡，供应缺口增大

近年来，随着全球人口的快速增长和经济社会发展水平的不断提升，人们对动物肉制品的需求量也在激增。据预测，到2050年，世界人口可能增长到97亿，对于动物肉类的需求量将达到4.65亿吨（Steinfeld et al., 2006）。与发达国家相比，发展中国家由人口增长带来的动物肉类需求量更大，全球生产的动物肉类大约1/4是在中国消费的，2018年中国动物肉类消费量约为8830万吨（图1-1），是美国（4134.9万吨）的两倍多（Satoru，2015）。

寻找合适的动物肉类替代品，为贫穷和营养不足的人口提供安全、营养和经济的食物是发展中国家未来几十年内面临的一个重大挑战。

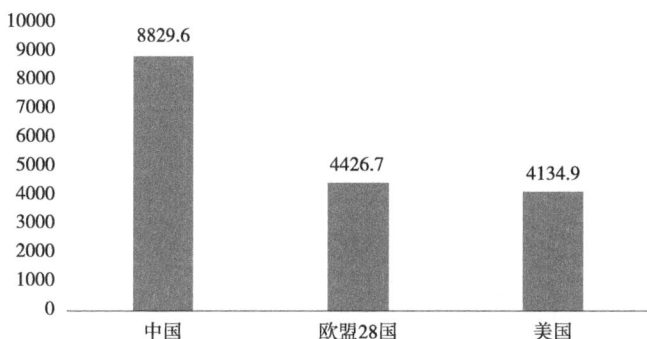

图1-1　2018年全球动物肉类消费量前三（万吨）

（资料来源：天风证券研究所，2020）

1.2　动物肉类生产对资源环境带来巨大压力

目前，动物蛋白主要是依靠畜牧业提供，但畜牧业属于资源密集型产业，发展过程中需要耗费大量的自然资源，并且对生态环境也会产生一定破坏。据统计，畜牧业占据了全球农业用地的70%，相当于全球总面积的30%；全球27%的淡水资源被用于畜牧业生产；动物肉类生产过程中温室气体的年度排放量占全球的18%，已经超过交通运输业的排放量（13%）（Krintiras et al., 2016）。除此之外，放牧会破坏大量的草地和森林资源，导致生物多样性降低。由于资源环境等条件的制约，未来几十年内动物肉类的生产将会达到极限。因此，食物供给系统的改变是必然的，必须开发更加有效的方式来利用现有资源，实现既可以满足市场需求，也能满足不同消费者的需求。使用豆类、谷物蛋白生产植物肉可以大大减少水和土地资源的使用，并降低温室气体排放，在生产相同质量食物的条件下，其在二氧化碳、水和土地的消耗都远小于动物肉类（图1-2）。如果人造肉能够实现商品化生产，相较于传统畜牧业，可以节省75%的水，减少87%的温室气体排放，需要的土地面积也将减少95%（Eshel et al.，2014）。

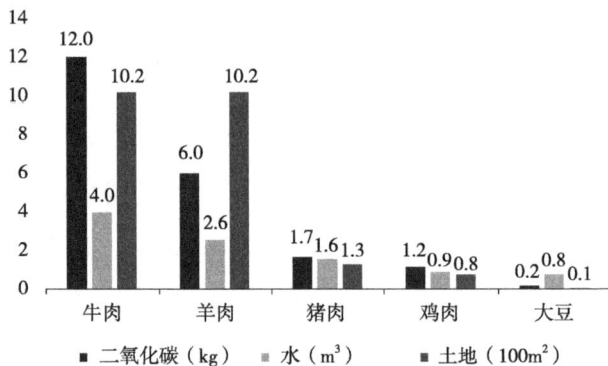

图1-2　生产每1kg食物所需耗费的资源
（资料来源：兴业证券研究所，2019）

1.3 动物肉类生产过程中饲料转化率低，造成粮食浪费

从2016年至今，中国粮食产量稳定在6.5亿吨以上，位居世界前列，但每年生产的粮食只有18%被直接用于食品生产，71%被用于畜牧业饲料。畜牧业的发展导致对于饲料粮的需求呈刚性增长（钞贺森、田旭、于晓华，2017），中国谷物饲料消费量从1978年到2010年增长了9倍多，在2010年成为世界上最大的谷物饲料消费国家（Satoru，2015）。畜牧业的实质是将蔬菜或者粮食转化为肉类，生产1kg家禽、猪肉和牛肉分别需要1.7 ~ 2kg、2.8 ~ 4.5kg和5 ~ 7kg谷物作为饲料（Satoru，2015），在这个过程中饲料转化率很低，牲畜在维持生长代谢过程中造成了严重的粮食浪费。为减少粮食浪费，寻找可持续的蛋白质供应方案，向低动物肉类消费过渡是非常有必要的（Boland et al.，2013）。

1.4 动物肉制品生产消费过程中容易引发健康问题

动物肉制品的营养价值主要是由于其含有丰富的蛋白质、维生素和矿物质。然而，从健康的角度，不推荐人们摄入过量的肉制品。众所周知，动物肉制品

含有较高比例的胆固醇和饱和脂肪酸，这与心血管疾病、肥胖、癌症等疾病的发病率密切相关。据研究，每天食用120g红肉或30g加工肉将显著提高患结直肠癌的风险（Chao et al.，2005），每年全球有180万人死于因过度食用动物肉类引起的缺血性心脏病（Key，Davey，and Appleby，1999）。动物流行疾病（如禽流感、猪流感）的频发，与营养有关的疾病的增长，抗生素类药物滥用，以及近几年非洲猪瘟的大面积暴发，这些公共卫生问题受到了越来越多的关注。最常见的食源性病原体来源于新鲜农产品，22%来源于动物肉类产品（Satoru，2015）。因为动物肉类中携带了大量的沙门氏菌、弯曲杆菌和大肠杆菌等致病菌。因此，消费者对于健康饮食需求的增加也刺激了植物肉行业的发展。

2 人造肉研究进展

2.1 植物肉研究进展

传统的植物蛋白肉产品在几个世纪以前就出现了，它们以小麦面筋、大豆蛋白、蘑菇、大米等成分为原料，经过凝胶或发酵等过程处理，添加一定的调味料，制作而成。豆腐被认为是最古老的植物蛋白肉产品，其起源最早可以追溯到宋代，南宋的朱熹就曾在其诗中写到"种豆豆苗稀，力竭心已腐，早知淮南术，安坐获泉布"（杨坚，2004）。豆腐制作要经过制浆和成型两道工艺，豆腐成品具有凝胶状的高吸收结构，但是与肉类的差距还很大。在豆腐之后，丹贝（Tempeh）是另一个以植物蛋白为原料制成的植物蛋白肉产品，起源于印度尼西亚，它是一种将根霉属真菌接种到煮熟的大豆和谷物中再经过发酵制成的豆饼。与豆腐相比，它具有更加致密的结构和更加美味的口感。在此之后，人们又以大豆为原料生产出了腐竹，它是在煮沸豆浆的基础上形成的薄皮层。然而，这些传统的植物蛋白肉产品由于缺少肉类的关键特征，使人们很难将其与肉联系起来，也很难作为肉类替代品被消费者接受（Hoek et al.，2013）。

其实，植物蛋白肉与豆腐、丹贝、腐竹等传统豆制品有着较大的区别，植物蛋白肉是以植物蛋白粉为原料，通过挤压膨化工艺制造出组织化蛋白或拉丝蛋白，再经过复水、斩拌、调味、成型等工艺，添加天然香辛料、植物油脂、植物提取色素，得到的产品具有与动物肉类类似的外观、风味和质地。质地和风味被认为是肉制品最重要的质量要素，也是目前植物蛋白肉生产过程中面临的最大挑战。

2019年迎来了植物蛋白肉发展的里程碑，全球连锁快餐品牌汉堡王在2019年推出了一款零添加牛肉的新产品"不可能皇堡（Impossible Whopper）"，这款新产品汉堡是以植物蛋白肉为原料制成的，肉饼所含营养成分与牛里脊肉的对比见表1-1。这款汉堡外观看上去与普通汉堡并无二样，味道也与真牛肉汉堡十分相似，但肉饼的脂肪含量低且不含胆固醇，所以更加受到消费者尤其是素食主义者的欢迎。

表 1-1　100g 牛里脊肉和植物蛋白肉中营养物质对比

	牛里脊肉	植物蛋白肉
蛋白质 /g	19.6	17.0
热量 /kcal	247.0	212.0
总脂肪 /g	18.2	12.4
饱和脂肪酸 /g	8.4	7.0
碳水化合物 /g	0	8.0
胆固醇 /mg	85.0	0
膳食纤维 /g	0	2.7
抗生素 /mg	未知	0
维生素B12 /mcg	1.0	2.7
铁 /mg	1.4	3.7
锌 /mg	2.9	4.9
磷 /mg	180.0	159.3

2.2 细胞培养肉研究进展

细胞培养肉又称离体肉，是指具有较强增殖、分化能力的干细胞在生物反应器中被诱导分化生成肌肉细胞，这些细胞在有锚点的支架上排列生长形成与动物蛋白质特征相同的肌肉组织（Muthuraman and Doo，2015；Engler et al.，2004）。体外培养肌肉组织的想法起于20世纪初。1912年，科学家首次实现让鸡的心脏在体外培养皿中搏动（Carrel，1912），这个实验证明了只要有合适的营养，肌肉组织就能在体外存活并生长。20世纪30年代，英国政治家丘吉尔为解决外太空的蛋白质来源问题，首次提出了细胞培养肉的概念，他认为几十年后，人们不需要养一只真正的鸡，通过合适的介质培养就可以吃到鸡翅或鸡胸（Langelaan et al.，2010）。

进入21世纪以后，随着体外干细胞培养技术的不断成熟，一些科学家开始开展食品级人造肉的相关研究，荷兰科学家在2013年研发出了世界上首个细胞培养肉汉堡并公开技术细节（Post，2014）；美国一家公司在2017年通过细胞培养生产出鸡肉产品（Gaydhane et al.，2018）；南京农业大学周光宏教授团队于2019年用猪肌肉干细胞培养出中国第一块细胞培养肉，弥补了国内细胞培养肉技术上的空白（周光宏、丁世杰、徐幸莲，2020）。

细胞培养肉和植物蛋白肉是从两个不同角度提出的可持续蛋白供应方案，两者的比较见表1-2。但是，由于相关技术条件的制约，细胞培养肉生产成本高昂，短时间内很难达到供给消费者食用的要求。为解决当今人们所面对的动物肉类蛋白供应短缺问题，植物肉是一个更好的选择，并且一些产品已在市场上占据了一定的份额。

表 1-2　两种人造肉的对比

	植物蛋白肉	细胞培养肉
起源及历史	由豆腐、丹贝、腐竹等传统食物发展而来，在最近几年出现品质更高的产品	在1930年前后提出，自21世纪初，开始开展食品级细胞培养肉的研究
营养价值	蛋白质含量高，但氨基酸比例不均衡	目标是与普通肉类完全相同
消费市场	从2010年以后建立了稳定增长的市场	尚未上市
作为动物肉类替代品	功能等同于动物肉类，但实质是植物蛋白	接近动物肉类，但具有可持续性和动物友好性
抗营养因子	存在植物凝集素、消化酶抑制剂和过敏原	未知
价格	原料易得，商品化生产后价格会远低于动物肉类	技术复杂，价格远高于动物肉类
感官质量	可能存在一些植物蛋白引起的特征风味	未知

资料来源：Carrel，1912；Egbert and Borders，2006。

3　植物肉生产技术

动物肉类具有良好的嫩度、弹性、咀嚼性和多汁性，这些都得益于肉类的纤维结构。一般来说，通过适当的加工来改变蛋白质的空间结构，形成与动物肉类类似的纤维结构和质感，是植物肉组织化过程中的一个重要目标。

植物蛋白中含有较高比例的球蛋白，以大豆蛋白为例，其球蛋白和 β-伴球蛋白含量分别为40%和30%（陈云、王念贵，2014；Liu et al.，2016），组织化的目的是在温度、剪切、压力等物理场作用下，使球状蛋白质分子发生变性、分子链取向、重新交联，形成类似肌肉的组织结构，具有很多动物肉类的特点，食用时具有动物肉类的口感。目前，植物蛋白组织化的技术主要有纺丝、剪切、挤压（郑雅丹，2009），3种技术的对比见表1-3。

表1-3　三种植物蛋白组织化技术的特点比较

		优点	缺点
挤压		操作简单，产能较大，应用广泛	剧烈的热机械作用会导致植物蛋白的不确定形变，影响纤维质量

		优点	缺点
纺丝	湿法纺丝	应用最早的组织化技术，可通过添加增稠剂、化学改性剂等改善纤维质量	工艺复杂，洗涤过程中排放大量含化学试剂的废液
	静电纺丝	可以生产纳米级别的纤维	由于技术限制，目前在食品中应用较少
剪切	Shear cell 剪切	作用条件温和，产品在纤维化过程中不易被破坏	规模较小，通常只适合于实验室研究使用
	Couette cell 剪切	作用条件温和，机械能输入较低	原料的比例及排列方式会对最终产品结构产生影响

3.1 挤压

挤压是一种将温度、压力和剪切力相结合的热机械处理过程，蛋白质或淀粉在挤压螺杆的作用下糊化、熔融和断裂，并在低温模具中冷却成型（Maurya and Said，2014）。在这个过程中，维持蛋白质三级结构的弱相互作用（氢键、离子键、二硫键、范德华力等）被破坏，球状蛋白分子伸展、解离，形成相对线性的结构，这些线性分子链在一定的温度和水分含量条件下发生分子间重组，形成类似于动物肉类的组织结构（郑雅丹，2009）。挤压技术由于操作简单，产能较大，是目前应用最广泛的植物蛋白组织化方法，最初被用于生产意大利面、零食和早餐麦片等低水分食品，自1975年开始被用于植物组织化蛋白的生产。

关于植物肉的生产，组织化植物蛋白可以在低水分条件下（<35%）由单螺杆挤压机或在高水分条件下（>50%）由双螺杆挤压机挤出（Lin，Huff，and Hsieh，2002）。低水分挤压得到的产品通常是膨化的，具有海绵状的结构，吸水速度较快，通常被填充到加工肉制品中用于提升保水性及防止产品收缩。高水分挤压过程中能减少能量耗散，控制产品膨化程度，促进蛋白质凝胶化、重组及脂肪的乳化，可以赋予植物蛋白肉高度纤维化的质地（Dekkers，Boom，and van der Goot，2018）。因此，高水分挤压更适合于植物肉的生产。

用于高水分挤压的双螺杆挤压机构造如图1-3所示，主要由固体输送区、熔体输送区和冷却成型区三个部分组成（康立宁，2007）。在挤压过程中，物料通过进料口处的螺杆到达固体输送区，该区域的螺杆具有较大的螺纹深度和螺距，主要作用为输送和混匀原料；物料从给料区被输送到熔体输送区，该区域螺杆的螺纹深度和螺距减小，转速、温度、压力升高，物料在此区域黏度降低，开始发生从固体到熔融状态的转变；随后在高压作用下经过冷却成型区后通过喷嘴排出，与外界接触，形成纤维状。挤出过程受温度、螺杆转速、物料含水率及成分组成等因素的影响（Basediya et al., 2013）。部分研究人员认为，温度是挤压过程中最重要的参数，它会影响产品的功能和外观，吸水和吸油能力随挤压温度的升高而增强，高温会对产物的颜色产生影响（Tehrani，Ehtiati，and Azghandi，2017）。

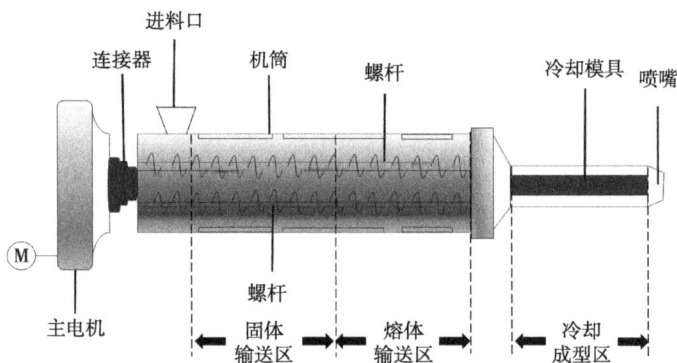

图1-3　双螺杆挤压机结构示意图

3.2　纺丝

挤压和剪切生产出的纤维制品直径一般在0.1～100μm之间，无法获得纳米级别的纤维，纺丝则可以填补这一技术上的空白（Nieuwland et al., 2013）。根据纺丝过程中聚合物溶液的排列方式，纺丝分为湿法纺丝和静电纺丝（Kumar，2016）。

1954年Boyer发明了应用于生产植物蛋白肉的湿法纺丝专利，主要包括制备纺丝液、挤压喷丝、凝固成型、包装处理四个过程。以大豆蛋白为例，大豆分离蛋白（SPI）被溶解在碱液中，蛋白质发生变性，分子伸展、解离，分子量降低，2S、7S、11S和15S蛋白转变为3S～5S蛋白（王翀等，2008），含有蛋白质的溶液通过喷丝板挤出，然后在该蛋白质的非溶剂浴（通常是高浓度的酸、碱、盐溶液）中浸泡洗涤，溶剂和非溶剂之间的交换导致蛋白质的凝固成型，从而生成细长的纤维。在湿法纺丝过程中，通常还需要加入一些增稠剂和化学改性剂，以增强蛋白质的可纺性以及提高纤维的质量。海藻酸钠是常用的增稠剂，它与SPI分子之间较强的相互作用可以减少凝固成型过程中其他离子的交联，从而降低纤维的脆性；尿素是湿法纺丝过程中常用的化学改性剂，尿素分子中的氢原子和氧原子与SPI分子上的羟基作用，破坏氢键，从而促进蛋白质的伸展、解离，增强可纺性（Wang et al.，2006）。

湿法纺丝工艺复杂，并且洗涤过程中会排放大量含有化学试剂的废水。近几年报道了一种新的纺丝方法，即静电纺丝。如图1-4所示，静电纺丝是一种使带电荷的聚合物溶液在静电场中射流制备纳米级纤维的方法，一般分为五个过程：流体带电、泰勒锥（Taylor cone）的形成、射流的细化、射流的不稳定和纤维的接收，其中最重要的是泰勒锥的形成（李山山等，2009）。为了发生静电纺丝，聚合物溶液必须具有较高的溶解度、浓度、黏度、电导率以及表面张力（Schiffman and Schauer，2008），只有满足上述所有条件才会形成泰勒锥。当聚合物溶液在外加电场以及表面张力的作用下会形成带电荷的液滴，这些液滴保持在储液管的管口处。由于电荷之间产生的库仑力和液滴表面的张力方向相反，且随着电场强度的不断增强，库仑力会超过液滴表面的张力，管口处的液滴被拉长形成类似圆锥的形状，当锥角为49.3°时，被称为"泰勒锥"。当电场的强度继续增加至一个临界值，泰勒锥会在库仑力的作用下发生喷射，喷射流在电场力的作用下被拉细，溶剂被蒸发，喷射流固化，在收集器上形成纳米级的纤维（李山山等，2009）。

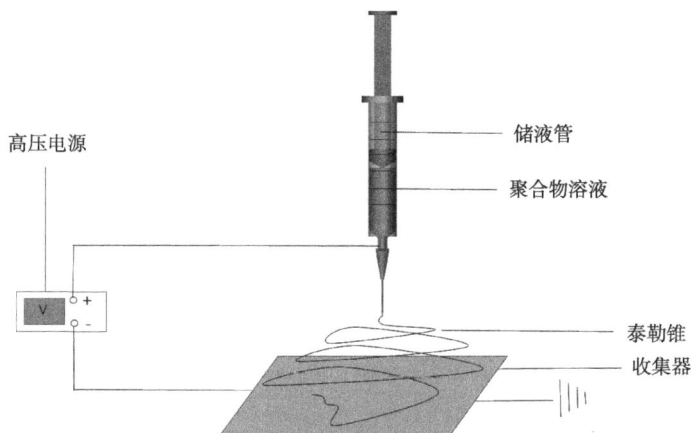

图1-4 静电纺丝生产纤维的工艺示意图

（资料来源：Eshel et al., 2014）

3.3 剪切

挤压和纺丝作为传统的植物蛋白肉构造技术，它们可以很好地实现植物蛋白的纤维化，但这些技术也存在一定缺点。挤压在热机械处理过程中需要较高的温度和剪切力，原料在挤压过程中发生的形变是不确定的，这不利于蛋白质纤维结构的形成（Dror et al., 2008）；纺丝过程需要用到高浓度的盐溶液和低pH值的化学试剂，这会增加工艺的复杂性，并且生产过程会排放大量含有化学试剂的废水（Manski，van der Goot，and Boom，2007）。为了克服这些缺点，基于流动诱导结构的概念，当原料的干物质含量足够高时，科学家们提出了从植物蛋白原料中生产纤维产物的剪切技术。剪切过程可以在基于流变仪的圆锥形剪切（Shear cell，SC）装置中或圆柱形的剪切（Couette cell，CC）装置中进行。

在圆锥形的SC剪切装置中，当顶部圆锥保持静止时，底部圆锥旋转，采用油浴或蒸汽对圆锥进行加热和冷却，从而控制剪切过程的加工温度（Kumar，2016）。剪切过程中采用剪切和热相结合的方式，与挤压相比，作用条件比较温和，并且原料在剪切过程中发生的形变是恒定的（Manski et al.，2008）。SC剪切由于其圆锥形的几何结构、填料方便以及手动操作等特点，更适合于实验室规模的操作。圆柱形的CC剪切装置如图1-5所示，它开始被用于检测面团在简单剪切流作用下的变化情况（Peighambardoust et al.，2007），后来被广泛应用到高温条件下植物蛋白肉的生产中。与挤压等强烈的热机械作用相比，CC剪切过程中的机械能输入要低得多。此外，CC剪切单元中的圆柱形耦合器设计通过增加气缸的尺寸和长度加大了设备的容量，从而可以提高生产率，更适合应用于大规模生产（Kumar，2016）。Grabowska等以SPI和小麦面筋蛋白（WG）的混合物为原料，在95℃条件下，通过剪切过程生产出了

具有高度各向异性结构的植物纤维（Grabowska et al.,
2014）。在剪切过程中，纤维结构形成机制是基于SPI
和WG两种不相容的生物聚合物在简单剪切流的作用下
排列变形，当两者在剪切装置中水平排列时，形成纤
维结构，垂直排列时形成层状结构，除此之外，原料中
蛋白质浓度以及SPI和WG所占比例也会影响产品的最终
状态。

1.外壳；2.盖子；3.内缸；4.轴；5.流变单元

图1-5 圆柱形Couette cell剪切装置

（资料来源：Eshel et al., 2014）

4 植物肉市场和消费现状

4.1 主要公司

4.1.1 全球市场家乐氏（Kellogg's）独占鳌头、别样肉客（Beyond Meat）、不可能食物（Impossible Foods）和阿普斯食品（Memphis Meats）引领行业发展

食品行业巨头接连布局，家乐氏占据近一半市场，康尼格拉食品（Conagra's Gardein）、别样肉客和卡夫亨氏（Kraft Heinz's Boca）在市场也有不错的表现，分别占全球植物肉市场份额的9.8%、6.8%、4.2%（图1-6）。

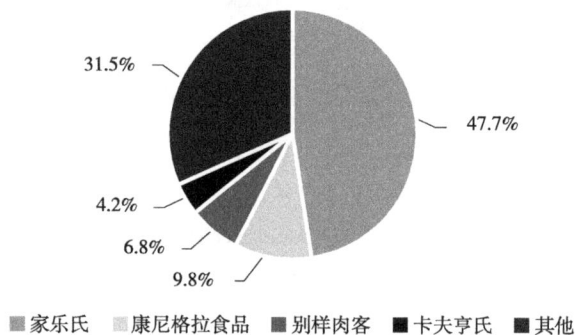

图1-6 动物肉类替代品市场占比

（资料来源：天风证券研究所，2020）

创立于2009年的别样肉客使用豌豆蛋白生产植物

肉产品。2014年，别样肉客推出了别样牛肉（Beyond Beef）和别样鸡肉（Beyond Chicken）两种主要产品。2016年推出了占公司主要营收的别样汉堡（Beyond Burger）。别样肉客于2019年5月上市，为人造肉第一股。随后它在麦当劳、肯德基等门店进行产品测试。因为2019年别样肉客的人造肉产品在零售点、餐饮店以及餐饮平台的销售服务点增多，并成功扩展了用户需求，所以它在2019年第三季度首次实现季度盈利。别样肉客的产品口感较好，因此受到素食主义者青睐，也被很多非素食主义者接受。别样肉客主要在美国生产销售，其产品在很多大型连锁店包括亚马逊、全食、克罗格公司和艾伯森公司均有销售。同时，其产品在全球5万多零售商和餐馆也均有销售。

2011年，斯坦福大学生物化学教授帕特里克·布朗为减少动物农业对环境的危害在美国加利福尼亚州创立了不可能食物。2016年，不可能食物推出标志性产品不可能汉堡（Impossible Burger），并在2018年获得了犹太洁食认证。该公司利用基因改造过的酵母生产大豆血红蛋白，模拟出动物肉类的形态和口味。不可能食物主要销售渠道是餐饮，2018年已与美国5000多家餐厅合作，2019年与汉堡连锁店汉堡王合作推出不可能皇堡。不可能食物未来的重点将放在零售板块，寻求与美国部分杂货店合作，售卖汉堡肉饼，实现餐饮和零售的同步发展。

阿普斯食品是一家专注于生物科技的人造肉企业，其通过细胞培养，诱导干细胞分化成肌肉组织，继而形成牛肉、鸡肉等产品。与流行的植物肉不同，这实质上属于动物性产品，它是利用动物细胞增殖生产出来的。2016年，阿普斯食品发布了第一款产品——人造肉丸，随后通过技术手段研发出了人工培养的牛肉、鸡肉和鸭肉。目前细胞培养肉价格还很高昂，阿普斯食品计划在2021年降低生产成本，逐渐向市场供应人造肉。

4.1.2　国内传统企业与初创企业齐头并进

随着全球素食的兴起，国内包括深圳齐善食品、江苏鸿昶食品、宁波素莲食品在内的素食食品厂为顺应市场在电商平台上架了素鸡腿、素猪排、素贡丸等动物肉类替代品，目前这三家的供货渠道主要是寺庙和素食餐厅。

自2019年植物肉热点以来，国内出现了大量诸如星期零（STARFIELD）、珍肉、魅味特食品（Hey Maet）、新素食等人造肉初创公司。

星期零是一家专注于植物肉的企业，主要产品有植物肉饼、黑椒芝士植物肉丸、植物汉堡肉酱等。星期零于2019年11月与奈雪的茶梦工厂店合作,共同开发了"未来汉堡""绿星汉堡"和"墨西哥肉沫卷"三款人造肉产品。2019年底,星期零推出了利用分子感官技术模拟出肉风味更自然的人造肉2.0,并与多个热门IP联动,在"未来停泊站SC-42"的品牌嘉年华活动现场展示了多款以人造肉2.0为原料的小吃,包括:奈雪酒屋的STARFIELD黑椒肉丸子、拉面说的STARFIELD重庆小面、青苔行星的STARFIELD西贡生菜杯等。2020年12月底,星期零已与喜茶、奈雪的茶、德克士、正大集团、蒂姆·霍顿斯(Tim Hortons)等100多个品牌合作,覆盖了全国超5500家门店(Fiala,2008)。

珍肉成立于2019年8月,是国内首家人造肉初创公司,同期,珍肉与北京工商大学研究团队合作,推出植物肉苏式月饼。除了线上零售,珍肉与不少餐饮企业联合推出了植物肉类菜单。2020年,珍肉先后与许小树、库迈(QMex)、街旁(Side Street)推出烫煮植物肉、人造汉堡肉饼等产品;2021年,珍肉与啤酒品牌北平机器合作上新了"老北京干炸丸子""植物肉排煎饼"和"红烩汉堡排"三款植物肉食品,与超级碗(FOODBOWL)健康轻食发布了"咖喱植物肉丸",联合窝边草（Wobbit）推出了"植物肉寿司碗""瑞典植物肉小丸子"等产品。

魅味特食品利用科技手段与其他天然原料进行合理配比，制作出可以媲美动物肉类的植物肉产品，已经研发出的产品有汉堡、小酥肉、饺子、肉粽、下饭酱、月饼等。

新素食是一家定位为更适合中国人的五花肉、主打"整块植物五花肉"的植物肉全产业链公司。其产品肥瘦相间，有皮有层次，可以广泛运用在火锅、烤肉、小吃和各种小吃等方面。根据新素食董事长兼CEO高松的介绍，新素食的整块植物五花肉是自主设计的重组蛋白，和市场上的拉丝蛋白不一样，这也带来了更好的品质，且在成本上有比动物肉类更低的优势。新素食的产品不仅面向大众进行零售，也和多家连锁餐饮、食品工业类企业合作，涉及种类涵盖了火锅、烤肉、小吃、包子、饺子等。2021年，新素食与豌豆全产业链龙头企业双塔食品签署了包括但不限于原料、生产研发、渠道、品牌及资本等方面的合作协议。同年8月，新素食联手中国国潮寿桃品牌寿盈门推出中秋植物肉月饼，备受市场关注。在科研方面，新素食与北京工商大学的研发团队已有多年的合作，在国内外发表学术论文100余篇，专利10余项。

4.1.3 外企及香港品牌

中国广阔的市场前景使海外企业加速进军中国市场。2020年，别样肉客宣布其将通过盒马鲜生的渠道在中国大陆市场进行零售，并在浙江嘉兴建厂；2020年，雀巢宣布位于天津的亚洲第一条植物肉生产线完工并投产，与此同时正式发布品牌"嘉植肴"，2021年初，雀巢嘉植肴宣布将携手盒马，其植物肉产品将率先入驻北京、上海多家盒马鲜生门店及APP端进行销售；2020年12月，联合利华旗下植物肉品牌植卓肉匠在中国上市，其与汉堡王合作的"真香植物基皇堡"在北京、上海、深圳和杭州的325家汉堡王门店销售。

2019年11月进入内地市场的新猪肉（Omnipork）是中国香港绿色星期一（Green Monday）公司旗下植物肉品牌，该公司专注于亚洲人饮食习惯的研究，截至2020年已经与中国、新加坡、泰国等1000多家知名餐厅达成合作，并在店内售卖。另一家市场占有量大的阿尔法国际食品（Alpha Foods）以非转基因植物为原材料，提供包括鸡块、玉米粉蒸肉、墨西哥卷饼、蔬菜素鸡馅饼等速食半成品为主的植物肉产品。

4.2 消费现状

4.2.1 全球植物肉市场增速快，市场缺口大

2019年，全球人造肉的市场规模约为121亿美元，预计每年将以15%的速度增长，预测2025年将达到279亿美元；美国植物肉市场规模约9.4亿美元，相较2017年增长了38%，全球占比约为20%，是目前全球人造肉最大的消费市场。根据植物奶现有的市场推算，若植物肉相对于总的肉类市场占比与植物奶在总乳制品的占比持平，则全球人造肉市场未来将达到217亿美元。若对比更为成熟的美国市场，全球植物肉类市场可达1229亿美元。2022年，全球植物肉零售额为61亿美元，与上一年相比，美元销售额增长8%，其中拉丁美洲和欧洲增长尤其明显（GFI 2022年《植物基：肉、海鲜、蛋和乳制品产业现状报告》）。

2018年，中国植物肉产业的市场规模约为9.1亿美元，同比增长14.2%，远高于同期GDP增长率。近几年中国植物肉产业的增长率一直稳定在13.5%~15.5%。这一数据表明中国市场的前景可期，相比美国植物肉市场规模增速，还有很多的增长空间。

2021年的部分报告指出，中国植物肉市场在未

来几年预计会占全球市场的一半。根据欧睿国际
（Euromonitor International）的预测，到2023年，中国人
造肉市场规模将达到130亿美元，预计中国和泰国对人
造肉的需求在未来五年内将增加200%。目前，国外及香
港品牌在国内消费市场占主导位置。一直以来，国内占
据主要市场的传统素肉大多不属于植物肉范畴。国内植
物肉市场的迅速发展始于2019年别样肉客上市后，传
统企业和初创企业推陈出新，通过餐饮和零售模式抢
占市场。

　　中国对于动物肉类的需求随着国民生活水平的不断
提高而增长。2021年中国人均动物肉制品的消费量已经
追上日本，位列全球第八位。按照趋势，预计未来还会
继续增长。中国的植物肉市场并没有直接和动物肉类形
成竞争，其地位还仅是消费者丰富饮食的选择或者少数
素食者和宗教人士的需求。根据中国人的传统消费习
惯，素食仿荤非常常见，例如素鸡、素鲍鱼、素炒腰花
等餐桌美食，但这些并不属于植物肉，且大部分消费者
对植物肉还停留在"含有有害添加剂""口感比不上
肉"等诸多不良标签的印象里。相比国外，中国消费者
另一个比较特殊的情况是对动物肉种类多样性的需求，
如动物内脏、鸡爪、鸭脖等。目前的技术并不能实现生

产替代品。

数据表明，2018年中国动物肉类消费总量（8829.6万吨）远超过欧盟（4426.7万吨）和美国（4134.9万吨）等动物肉类消费大国，而中国人均动物肉类消费量仅为美国的一半左右。因此，估计2030年中国动物肉类产品缺口将达到3800万吨以上，人造肉将弥补这一不足。

目前，在全球范围内人造肉相比动物肉类仍然小众。在一项对超过1800名美国居民的调查中，数据显示72%的调查对象会选择农场饲养的牛肉，23%的消费者选择购买植物肉，5%会选择细胞培养肉（Van Loo，Caputo，and Lusk，2020）。在澳洲，接近一半的消费者愿意尝试人造肉，但仅有12%的消费者对人造肉有较强的购买意愿（de Oliveira Padilha，Malek，and Umberger，2021）。

4.2.2 消费者逐渐接受人造肉

由于健康意识提升、环境保护、商家推广，消费者对于人造肉的接受程度逐年上升。2018年2月，美国48%的受访者表示几乎没有意愿购买人造肉，而2019年9月，这一数字降为40%。调查显示，在美国，对人造肉接受程度较高的群体为素食主义者、年轻人和受教育程度高的人。这些人群既愿意接受新鲜事物，也具备较强的消费能力，这意味着健康食品和环保理念在人群中的需求将会越来越高，人造肉的接受程度也将进一步提高。

　　根据调研，对于肉制品，消费者最关注的是食品安全、价格、食品体验，随后是健康、品牌效应和购买途径（图1-7）。在已经购买植物肉的消费人群中，健康是消费者再次购买的主要原因，占购买植物肉动机的50%，其次是环保、口味和新潮（图1-8）。在对消费者的年龄进行调查后发现植物肉在年轻消费者中更受欢迎，90后是植物肉的主要消费人群，紧接着消费占比随着年龄的增大而下降。与美国不同，中国植物肉消费者63%为女性，仅有37%为男性。这一数据也表明了更偏爱动物肉类的男性对于植物肉的接受程度更低。

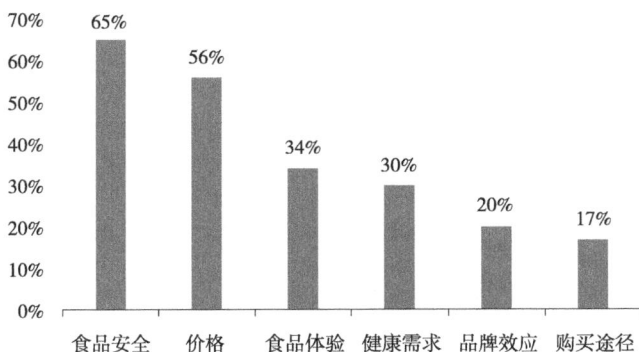

图1-7　肉制品消费者关注点
（资料来源：商业周刊，2021）

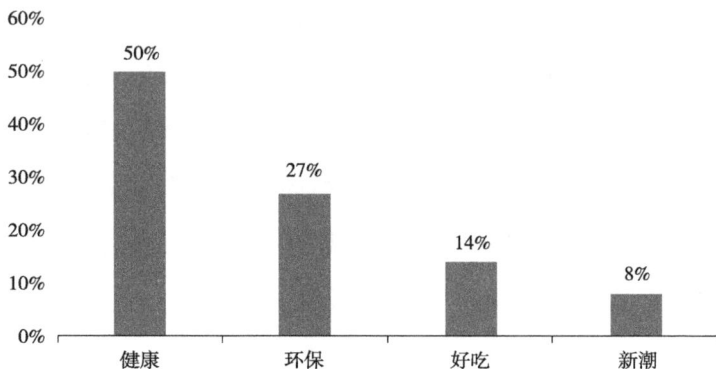

图1-8 复购植物肉消费动机

（资料来源：商业周刊，2021）

4.3 市场趋势

目前来看，由于植物肉市场份额相比动物肉类少之又少，各植物肉企业均在寻求合作拓展销售渠道。零售起家的别样肉客积极寻求与餐饮业的合作，主打餐饮的不可能食物也开始涉猎零售市场；国内植物肉公司纷纷与各大知名连锁餐饮企业、热门IP、网红合作推出新产品，以提高知名度打开市场，在获得更多关注度后进行产品销售。除此之外，由于植物肉本身的"健康"属性，部分公司将其作为原料推出营养价值高、卡路里含量相对较低且单价较高的素食沙拉等产品。这些产品的目标消费人群是消费能力较强且希望保持身材的女性或健身人士。

拓展植物肉市场，离不开技术的支持，植物肉企业需与高校合作共同攻克技术难题。星期零、珍肉与北京工商大学的科研团队进行合作，不断研发推出适合国人口味、符合国人饮食习惯的植物肉产品。因此，研制外观、口感都更近似动物肉类的替代产品是当下植物肉企业和相关科研人员的研究方向。

使植物肉在市场上具备竞争力，继而走向百姓餐桌的关键是价格。由于目前植物肉仍然在成长期，市场需求量小、规模化生产程度低，导致其售价较高。供应链的稳定与广泛需求是降低植物肉单价的重中之重。随着产业的发展和技术的革新，植物肉的价格在未来会与动物肉类持平，甚至更低。长远来看，对于目前市场尚不成熟且无法商业化生产的细胞培养肉而言，降低生产成本也是细胞培养肉为市场广泛接受的关键。

向消费者提供关于植物肉的积极、正面宣传也不可或缺。在内容方面，应以可持续食物系统发展、低碳绿色生活方式、食物营养健康等多角度切入，根据不同受众人群制定易于接受的科普内容。同时，借助权威机构、官方媒体和公众社交平台对植物性食品进行科学、客观的广泛宣传。

5 植物肉产业发展展望

全球食品市场多变复杂，消费者寻求更高品质肉类替代品的需求也日益增长。食品制造商面临着提供营养、经济和健康食品的挑战，同时还需要确保产品具有诱人的味道和口感。植物肉生产的最终目的是提供一种可持续的蛋白质供应方案，同时能够再现动物肉类的所有感官属性（外观、质地、风味等）。但生产过程非常复杂，面临诸多挑战。植物肉生产过程中，如何去除某些植物蛋白的不良风味和抗营养因子，如何解决植物蛋白中人体必需氨基酸比例不平衡问题，如何模拟出不同种类动物肉的特征风味，如何实现动物肉类烹饪过程中的颜色变化；细胞培养肉生产过程中，如何保证细胞培养过程不受杂菌污染，如何构造除肌肉以外的其他组织，如何降低成本提高消费者的接受程度，这些都是今后需要重点考虑和研究的问题。

人造肉无疑是解决动物肉类生产带来的资源、环境、健康、伦理等问题的佳选。虽然目前在技术层面还面临很大挑战，但随着科技发展，这些问题有望得到解决。随着产品质量的不断提升，人造肉将会被越来越多的消费者所接受，逐步实现商业化生产，成为新一代的绿色优质食品。

● 参考文献

钞贺森, 田旭, 于晓华, 2017. 肉类消费结构、饲料安全和粮食安全: 农业"供给侧改革"的一个参照系[J]. 农业现代化研究, 38(5): 737–745.

陈云, 王念贵, 2014. 大豆蛋白质科学与材料[M]. 北京: 化学工业出版社.

康立宁, 2007.大豆蛋白高水分挤压组织化技术和机理研究[D]. 杨凌: 西北农林科技大学.

李山山, 何素文, 胡祖明, 等, 2009. 静电纺丝的研究进展[J]. 合成纤维工业, 32(4): 44–47.

王翀, 刘欣, 张春红, 等, 2008. 湿法纺丝组织化大豆分离蛋白影响因素的研究[J]. 农业科技与装备(3): 69–70.

杨坚, 2004. 中国豆腐的起源与发展[J]. 农业考古(1): 217–226.

郑雅丹, 2009. 植物蛋白的纤维组织化技术研究[D]. 杭州：浙江工业大学.

周光宏, 丁世杰, 徐幸莲, 2020. 培养肉的研究进展与挑战[J]. 中国食品学报, 20(5): 1-11.

BASEDIYA A L, PANDEY S, SHRIVASTAVA S P, et al., 2013. Effect of process and machine parameters on physical properties of extrudate during extrusion cooking of sorghum, horse gram and defatted soy flour blends[J]. Journal of Food Science and Technology, 50(1): 44–52.

BOLAND M J, RAE A N, VEREIJKEN J M, et al., 2013. The future supply of animal–derived protein for human consumption[J]. Trends in Food Science & Technology, 29(1): 62–73.

CARREL A, 1912. On the permanent life of tissues outside of the organism[J]. Journal of experimental medicine, 15(5): 516–528.

CHAO A, THUN M J, CONNELL C J, et al., 2005.Meat consumption and risk of colorectal cancer[J]. January, 293(2):172.

CORRIN T, PAPADOPOULOS A, 2017. Understanding the attitudes and perceptions of vegetarian and plant–based diets to shape future health promotion programs[J]. Appetite, 109: 40–47.

DE OLIVEIRA PADILHA L G, MALEK L, UMBERGER

W J, 2021. Food choice drivers of potential lab–grown meat consumers in Australia[J]. British Food Journal, 123(9): 3014–3031.

DEKKERS B L, BOOM R M, VAN DER GOOT A J, 2018. Structuring processes for meat analogues[J]. Trends in Food Science & Technology, 81: 25–36.

DROR Y, ZIV T, MAKAROV V, et al., 2008. Nanofibers made of globular proteins[J]. Biomacromolecules, 9(10): 2749–2754.

EGBERT R, BORDERS C, 2006. Achieving success with meat analogs[J]. Food Technology, 60(1): 28.

ENGLER A J, GRIFFIN M A, SEN S, et al., 2004. Myotubes differentiate optimally on substrates with tissue–like stiffness: pathological implications for soft or stiff microenvironments[J]. Journal of Cell Biology, 166(6): 877–887.

ESHEL G, SHEPON A, MAKOV T, et al., 2014. Land, irrigation water, greenhouse gas, and reactive nitrogen burdens of meat, eggs, and dairy production in the United States[J]. Proceedings of The National Academy of Sciences of The United States of America, 111(33): 11996–12001.

FIALA N, 2008. Meeting the demand: An estimation

of potential future greenhouse gas emissions from meat production[J]. Ecological Economics, 67(3): 412–419.

GAYDHANE M K, MAHANTA U, SHARMA C S, et al., 2018. Cultured meat: state of the art and future[J]. Biomanufacturing Reviews, 3(1): 1.

GRABOWSKA K J, TEKIDOU S, BOOM R M, et al., 2014. Shear structuring as a new method to make anisotropic structures from soy–gluten blends[J]. Food Research International, 64: 743–751.

HOEK A C, ELZERMAN J E, HAGEMAN R, et al., 2013. Are meat substitutes liked better over time? A repeated in-home use test with meat substitutes or meat in meal[J]. Food Quality & Preference, 28: 253–263.

KEY T J, DAVEY G K, APPLEBY P N, 1999. Health benefits of a vegetarian diet[J]. Proceedings of The Nutrition Society, 58(2): 271–275.

KRINTIRAS G A, DIAZ J G, VAN DER GOOT A J, et al., 2016. On the use of the Couette Cell technology for large scale production of textured soy–based meat replacers[J]. Journal of Food Engineering, 169: 205–213.

KUMAR S, 2016. Meat Analogs "Plant based

alternatives to meat products: Their production technology and applications"[J]. Critical Reviews in Food Science and Nutrition.

LANGELAAN M L P, BOONEN K J M, POLAK R B, et al., 2010. Meet the new meat: tissue engineered skeletal muscle[J]. Trends In Food Science & Technology, 21(2): 59–66.

LIN S, HUFF H E, HSIEH F, 2002. Extrusion process parameters, sensory characteristics, and structural properties of a high moisture soy protein meat analog[J]. Journal of Food Science, 67(3): 1066–1072.

LIU C, CHENG F, SUN Y, et al, 2016. Structure–Function Relationship of a Novel PR–5 Protein with Antimicrobial Activity from Soy Hulls[J]. Journal of Agricultural and Food Chemistry, 64(4): 948–959.

MANSKI J M, VAN DER GOOT A J, BOOM R M, 2007. Formation of fibrous materials from dense calcium caseinate dispersions[J]. Biomacromolecules, 8(4): 1271–1279.

MANSKI J M, VAN DER ZALM E E J, VAN DER GOOT A J, et al., 2008. Influence of process parameters on formation of fibrous materials from dense calcium caseinate dispersions and fat[J]. Food Hydrocolloids, 22(4): 587–600.

MAURYA A K, SAID P, 2014. Extrusion Processing on physical and chemical properties of protein rich products-an overview[J]. Cancer Causes & Control, 12(5): 461-475.

MUTHURAMAN P, DOO H K, 2015. A novel approach for in vitro meat production[J]. Applied Microbiology and Biotechnology, 99(13): 5391-5395.

NIEUWLAND M, GEERDINK P, BRIER P, et al., 2013. Food-grade electrospinning of proteins[J]. Innovative Food Science & Emerging Technologies, 20: 269-275.

PEIGHAMBARDOUST S H, VAN BRENK S, VAN DER GOOT A J, et al., 2007. Dough processing in a Couette-type device with varying eccentricity: Effect on glutenin macro-polymer properties and dough micro-structure[J]. Journal of Cereal Science,45(1):34-48.

POST M J, 2014. Cultured beef: medical technology to produce food[J]. Journal of the Science of Food and Agriculture, 94(6): 1039-1041.

SATORU S, 2015. Sustainable meat consumption in China[J]. Journal of Integrative Agriculture, 14(6): 1023-1032.

SCHIFFMAN J D, SCHAUER C L, 2008. A Review: electrospinning of biopolymer nanofibers and their applications[J]. Polymer Reviews, 48(2): 317–352.

STEINFELD H, GERBER P, Wassenaar T, et al., 2006. Livestock's long shadow: environmental issues and options[J]. Livestocks Long Shadow Environmental Issues & Options, 16(1): 7.

TEHRANI M M, EHTIATI A, AZGHANDI S S, 2017. Application of genetic algorithm to optimize extrusion condition for soy–based meat analogue texturization[J]. Journal of Food Science and Technology, 54: 1119–1125.

VAN LOO E J, CAPUTO V, LUSK J L, 2020.Consumer preferences for farm–raised meat, lab–grown meat, and plant–based meat alternatives: Does information or brand matter?[J] Food Policy, 95: 101931.

WANG Q, DU Y, HU X, et al., 2006. Preparation of alginate/soy protein isolate blend fibers through a novel coagulating bath[J]. Journal of Applied Polymer Science, 101(1): 425–431.

第 2 部分

植物奶产业发展与技术创新

1963年，瑞典隆德大学教授Arne Dahlqvist发现了人体存在乳糖不耐受现象，并据此展开了植物奶产品的相关研究。植物奶是具有与牛奶制品相类似的外观和口感的植物乳饮品。国际上对植物奶的理解基本相同，但对植物奶的命名存在一定争议。例如，欧盟议会于2017年制定第171号修正案，提议禁止植物基产品使用"奶""黄油""奶油""酸奶"等术语，并禁止使用类似动物乳制品的包装形式与图片等。该修正案于2021年5月被45.6万名消费者请愿撤回，后续引发了行业对植物奶命名的持续讨论。"植物奶"翻译自英文Plant-based milk，即植物来源的奶。目前，国内对植物奶的叫法大多沿用英文直译，尚未形成统一定义。在行业内，普遍叫法是"植物奶"或"植物乳"，并以原料区分，如杏仁奶、豆奶、核桃奶等。

植物奶可以直接饮用，也可以搭配咖啡茶饮等，近年来受到越来越多消费者的喜爱。2018—2021年，在欧洲和中亚的谷物、坚果、种子类植物基饮品的消费年均复合增长率达到20%，全球消费者对植物奶饮品的需求不断上升。植物奶产业的增长，一方面给行业发展带来了利好消息，另一方面也要求行业发挥产业发展优势，了解市场消费诉求以及存在的问题与挑战等，以更好地实现从趋势到优势的转化发展。

1 植物奶发展背景

1.1 动物蛋白具有两面性，植物奶提供营养补充

牛奶是全世界普遍消费的食品之一，其营养价值丰富，含有优质蛋白和矿物质元素，其中矿物质元素钙在牛奶中的含量相对较高，有利于骨骼健康（龚婷、王宣敬，2019）。尽管如此，在全球范围内，仍有部分人群对牛奶及其制品存在过敏反应，例如乳糖不耐受。乳糖不耐受是指机体无法分解乳糖以供消化，这会产生一系列消化系统症状，即在食用含有乳糖的食物和饮品之后消化系统出现不适，伴随着胀气、腹泻、胃痉挛以及身体出现其他如头疼、精神难以集中等不适症状（Katoch et al.，2021）。据研究显示，乳糖不耐受可能影响健康，因为消化系统的不适一定程度上影响钙和维生素D等营养成分的摄入能力。美国卫生与公众服务部数据显示，全世界乳糖不耐受人群占到成年人数量的68%。根

据春雨医生《全国乳糖不耐受大调研》结果估计，中国乳糖不耐受人群数量约为3.1亿，另外有3.5亿为疑似乳糖不耐受人群。近年来，由于植物奶不易造成肠道不适，且具有一定营养价值和特点，受到越来越多消费者的喜爱。

1.2　咖啡茶饮文化快速发展，促进植物奶消费需求

近年来，中国一二线城市消费者对咖啡和现调茶饮的接受程度持续提高，植物奶的市场消费量也快速增长。根据美国农业部（USDA）统计报告显示，从2016年到2021年，中国年咖啡消费总量由321.8万袋增加到390万袋（注：每袋重量为60kg），超过了同期国际成熟咖啡市场消费水平，约为韩国（305万袋）的1.3倍。从咖啡消费频次上看，中国一二线城市已养成咖啡消费习惯的消费者，其饮用咖啡频次已达300杯/年，超过成熟咖啡市场水平（如日本为280杯/年，美国为329杯/年）。

近年来，咖啡茶饮行业的蓬勃发展带动植物奶消费需求的增长。植物奶作为传统牛奶基底的补充，一方面为乳糖不耐受的咖啡爱好者提供了新的选择，另一方面也满足了年轻消费者更多个性化的需求，为他们提供了丰富的口感体验。

1.3　以植物为原料，植物奶绿色可持续发展

植物奶以谷物、坚果、豆类等为原料，位于食物链下游，一定程度上可缓解传统奶制品生产过程中存在的环境保护和动物福利问题，这符合低碳绿色可持续发展理念。以杏仁奶为例，作为植物奶中水资源投入较多的品类，生产杏仁奶所需水资源仅约为生产等量牛奶所需水资源的一半。由表2-1可见，在生产同等升数的饮品条件下，植物奶在产生二氧化碳、消耗土地资源以及水资源方面均低于生产牛奶所产生的影响。

表 2-1　生产 1 升的饮品对环境的影响情况

品类	二氧化碳/kg	土地资源/m²	水资源/L
牛奶	3.0	9.0	628.0
杏仁奶	0.7	0.5	371.0
糙米乳	1.2	0.3	270.0
豆奶	1.0	0.7	28.0
燕麦奶	0.9	0.8	48.0

资料来源：Poore and Nemecek，2018。

2 植物奶原料创新

2.1 原料种类发展

植物奶按照其原料不同，主要分为豆类、坚果类、谷物类和其他种子类（表2-2）。除了此前消费者熟悉的大豆、核桃、花生外，燕麦、藜麦等谷物以及以豌豆为代表的新一代豆类也被制成植物奶产品。亚洲是豆奶最大的消费市场，约占全球豆奶消费的93%。新兴植物奶不仅能在短时间内吸引消费者的兴趣，还能在原有植物原料基础上进行配方改进，从而实现产品有效增值。

表 2-2　植物奶种类

植物奶种类	原料组成
豆类	大豆、豌豆
坚果类	杏仁、核桃、榛子、腰果
谷物类	米类、燕麦
其他种子类	芝麻、火麻仁、亚麻籽

资料来源：利乐，植物基饮品白皮书2021。

2.2　植物奶营养成分

健康膳食需求、可持续发展和生活方式的改变等是消费者选择植物奶的主要原因，因此植物奶的营养成分

及其含量对于消费者选择适合自身营养需求的产品十分
重要。植物奶的配料主要包括基础原料、增稠剂、乳化
剂以及调味剂。植物奶的营养成分包括蛋白质、脂质、
淀粉、膳食纤维、多酚类物质、维生素和矿物质等。
根据产品原料、加工工序等不同，营养成分含量有所不
同。蛋白质、淀粉、膳食纤维等营养物质主要来自原
料，例如大豆、杏仁、腰果、椰子、大米和燕麦等。维
生素和矿物质部分来源于配料，部分来自营养强化处
理，如添加钙、维生素A、维生素B1、维生素B2、维生
素B6等。

　　从成分上看（见表2-3），燕麦奶的蛋白质含量区间
在0.2 ~ 1.0g/100mL，脂肪含量区间为1.5 ~ 3.0g/100mL，
碳水化合物含量区间为3.3 ~ 9.5g/100mL，钠含
量区间为35.0 ~ 52.6mg/100mL，钙含量区间为
102 ~ 120mg/100mL。燕麦奶通常通过添加植物油等外来
脂质来平衡口感，同时，矿物质和维生素也常见于配料
表中，用于营养强化。

　　豆奶的脂肪含量区间为1.4 ~ 3.6g/100mL，碳水化
合物含量区间为1.5 ~ 7.1g/100mL，各品牌含量值相差
较大，蛋白质含量区间在2.0 ~ 6.0g/100mL，相较燕麦
奶蛋白质含量高，脂肪含量区间为1.4 ~ 3.6g/100mL，

钠含量区间为0～35mg/100mL，钙含量区间为0～120mg/100mL。近年来，越来越多的豆奶产品从营养配料和加工技术等方面进行创新改良，产品发展以营养健康为导向，受到消费者的喜爱。

杏仁奶的脂肪含量区间为1.2～1.8g/100mL，碳水化合物含量区间0～6.8g/100mL，各品牌含量值相差较大，蛋白质含量区间0.4～0.7g/100mL，钠含量区间56～70mg/100mL，相较其他品类植物蛋白饮品钠含量较高，钙含量也明显高于其他植物蛋白饮品，其含量区间125～179mg/100mL。

椰奶的碳水化合物含量在7.0g/100mL左右，仅次于米奶和少数豆奶产品，蛋白质含量在0.6g/100mL左右，与杏仁奶的含量较为接近，同时脂肪含量区间为1.6～2.1g/100mL，同样处于较高水平，钠含量区间12～20mg/100mL。

米奶产品的碳水化合物含量区间为8.0～11.0g/100mL，属于调查研究的几款植物基乳饮品中含量区间最高，蛋白质含量区间0～0.3g/100mL，脂肪含量区间为1.0g/100mL，钠含量为10～39mg/100mL。

矿物质（例如钙）、多种维生素没有在产品营养成分表中列举，但常作为营养强化剂添加到各种植物蛋白饮品中。因此，不同原料的植物奶的营养价值，既要参考其营养成分表，也参考其产品营养强化的情况。

表 2-3　植物奶饮品营养成分含量（每 100mL）

品类	产品	产地	价格/元	规格/ml	能量/kJ	膳食纤维/g	脂肪/g	碳水化合物/g	蛋白质/g	钠/mg	钙/mg
燕麦奶	CalifiaFarms燕麦奶	美国	4.55	1000	175	/	2.9	3.3	0.8	42.0	102
	Minor Figures燕麦饮	英国	4.60	1000	205	/	2.1	9.5	0.2	52.6	120
	OATLY原味燕麦露	荷兰	3.50	1000	191	0.8	1.5	6.6	1.0	42.0	120
	伊利植选燕麦奶	中国	3.14	315	222	3.2	3.0	3.5	1.0	35.0	/
	OATOAT咖啡大师燕麦	中国	3.10	280	267	/	3.0	8.2	1.0	47.0	/
豆奶	豆本豆豆奶	中国	1.00	250	250	/	2.0	7.1	2.5	0.0	/
	Vitasoy维他奶	中国	1.00	250	196	1.0	1.4	6.5	2.0	35.0	120
	伊利植选豆奶	中国	1.58	315	262	/	3.6	1.5	6.0	35.0	/
杏仁奶	露露	中国	1.76	250	208	/	1.8	6.8	0.7	56.0	/
	蓝钻怡人杏仁奶	美国	4.14	190	65	/	1.2	3.1	0.6	70.0	125
	Califia farm杏仁奶	美国	4.76	946	63	0.4	1.3	0.0	0.4	67.0	179

续表2-3

品类	产品	产地	价格/元	规格/ml	能量/kJ	膳食纤维/g	脂肪/g	碳水化合物/g	蛋白质/g	钠/mg	钙/mg
椰奶	椰树牌椰汁	中国	2.45	245	208	/	2.1	7.0	0.6	12.0	/
	特种兵椰奶	中国	1.68	245	183	/	1.6	7.0	0.6	20.0	/
米奶	OKF米露	韩国	2.90	500	173	/	1.0	8.0	0	10.0	/
	Vitariz米奶	意大利	6.50	200	229	/	1.0	11.0	0.3	39.0	/

资料来源：产品官网、京东平台公开数据整理。

3 植物奶市场与消费概况

3.1 欧美市场与消费概况

市场研究（Research and markets）数据显示，2024年全球植物奶市场预计达到215.2亿美元，近4年的市场复合年增长率达10.18%，其中美国和欧洲的植物奶市场发展较为迅速。

全球范围内植物奶市场快速发展，美国也出现了一批具有代表性的植物奶企业，如豌豆乳品牌波纹食品（Ripple Foods）、植物奶品牌加乐田园（Califia Farms）

（表2-4）。近年来，在美国的植物奶市场，杏仁奶以59%的市场份额位居植物奶细分品类第一。燕麦奶为第二大细分品类，约占总销售额的17%。椰奶等细分品类同样呈现明显增长趋势。美国植物奶企业在成分和产品功能性成分添加上不断创新，赋予植物奶的品类和口味无限可能。同时，资本投资对美国植物奶产业的发展起到重要促进作用。许多植物奶企业获得千万级融资，这些资金被用于市场营销、生产管理以及产品研发等，有利于品类和产业快速发展。

表 2-4 美国主要植物奶企业情况

公司	总部	成立时间	核心产品	融资最高轮次
加乐田园（Califia Farms）	美国	2010	坚果植物奶	D
之后（Apres）	美国	2016	混合植物奶	B
波纹食品（Ripples Foods）	美国	2014	豌豆乳	C
皆食得（JUST）	美国	2011	豆乳	D
凯特山庄（Kate hill）	美国	2013	杏仁奶	D
雷布尔（REBBL）	美国	2012	椰奶	D
哞啦（Mooala）	美国	2013	香蕉奶	战略融资
米拉克厨房（Miyoko's Kitchen）	美国	2014	混合植物奶	C
完美一天（Perfect Day）	美国	2014	酵母乳	B
醇倍尼（Chobani）	美国	2005	椰奶	不详

资料来源：张若夫，2019。

从2020年销售额和销售量来看，欧洲的植物奶市场
主要集中在比利时、丹麦、法国、德国、意大利、荷
兰、西班牙、英国等国家（表2-5）。德国、西班牙、
意大利和法国的植物奶市场发展充分，2020年国内销售
额分别达到39600万欧元、31800万欧元、23100万欧元和
18700万欧元。从销售量上看，德国、西班牙的植物奶销
售量最高，在2020年分别达到25000万升和24600万升，
远超过位居第三的意大利（12000万升）和第四名的法国
（9600万升）。

表2-5　2020年欧洲主要植物奶市场情况

国家	销售额/百万欧元	销售量/百万升	植物奶市场细分/%					
			豆奶	杏仁奶	燕麦奶	椰奶	米奶	其他
比利时	48.8	36	36	28	12.6	6.9	9.7	6.8
丹麦	26	12.3	20.4	17.3	53.8	/	7.3	1.2
法国	187	96	21.9	38.5	11.2	4	8	16.4
德国	396	250	18.7	20.7	46.5	5	4.3	4.8
意大利	231	120	37.7	19	15.6	/	19.9	7.8
荷兰	62	40	30.6	32.3	22.6	8	4.8	1.7
西班牙	318	246	28.6	17.9	39.3	/	6.6	7.6

资料来源：Smart Protein，2021。

3.2　国内市场与消费概况

植物蛋白饮品在中国饮用历史悠久，早在14世纪早期，人们就开始用大豆磨制豆浆饮用。当前，中国植物奶市场不局限于露露、椰树牌、银鹭等消费者熟悉的传统品牌。2017年，达利食品推出豆本豆豆奶，上市当年产品销售额达10个亿，受到行业关注。2018年瑞典燕麦奶品牌欧力（OATLY）进入中国市场，与精品咖啡厅合作，快速打开中国燕麦奶市场。2019年5月，农夫山泉推出三款植物基酸奶。同年12月，伊利植选推出三款高端产品，将传统豆奶产品升级为新植物奶饮品。同时，布局植物奶市场的企业还有统一、蒙牛、维维、黑牛、北大荒等。随着传统乳企、饮品企业的加入，中国植物奶市场竞争激烈，同时各细分品类创新发展。

近年来，健康膳食理念的兴起，对乳糖不耐受的关注，以及新生活方式的影响，植物奶在中国越来越受到消费者的喜爱。据天猫统计数据，2020年中国植物蛋白饮料市场增速高达800%，购买人数上升900%，在饮料市场中增长贡献率达到15.5%，排名第三，仅次于饮用水和茶饮品类。同时中粮营养健康研究院的研究报告显示，中国植物蛋白饮品市场规模达536.9亿元，且以每年

20%的增速快速增长。

仅通过天眼查平台就可搜索到植物蛋白饮料相关的企业数量达12000余家（表2-6）。其中相关企业最多的10个省份分别为湖南（4453家）、广东（975家）、福建（343家）、黑龙江（240家）、山东（229家）、河北（203家）、河南（146家）、新疆（136家）、安徽（142家）、河南（107家）。从地域分布上看，植物奶生产企业大多集中在中国南方地区，以湖南、广东、福建等省份为主。其中，湖南省的植物奶生产企业数量位居全国第一，高达4453家，占全国植物奶企业总数量的57.8%，广东、福建分别以975家和343家位居第二和第三。从市场结构上看，中国植物奶企业大多注册规模集中在100万元以内，数量达到4775家，注册资本在100万～500万元之间的企业有1263家，而500万元以上的企业，一共1666家。

表 2-6　中国部分植物奶品牌及其产品类别

产品类别	品牌
豆奶	豆本豆、维维豆奶、维他奶、唯怡、银鹭、九阳豆浆、伊利植选
杏仁奶	承德露露、奥蔓庄园
核桃乳	养元六个核桃、绿岭、王老吉、健力宝
燕麦奶	欧扎克、麦子和麦、每日盒子、伊利植选

产品类别	品牌
椰奶	椰树、菲诺、欢乐家、雀巢
混合坚果乳	荷乐士、洽洽食品、三只松鼠
植物基酸奶	豆本豆、伊利植选

4　植物奶加工技术

在豆类饮品中，豆奶是最受欢迎的饮品类别，而豌豆则是当下新颖的豆类基底原料。原豆、豆制粉末都可作为豆类基底饮品的原料。槐豆胶、结冷胶、阿拉伯胶等增稠剂和乳化剂能够改善饮品的口感厚实度，并延长其货架保质期。此外，添加矿物质和维生素可以达到营养强化的作用。

坚果基乳饮品中常见的基底原料有杏仁、腰果、榛子和夏威夷果等，其原料形态包括完整坚果、坚果碎粒和坚果粉末。在坚果类植物奶饮品的生产加工过程中涉及众多工序，材料形态直接影响加工工序。成品植物奶的顺滑口感离不开多重加工技术的配合，其中过滤是加工工序中的重要环节。

谷物基乳饮品中常见的谷物奶饮品有燕麦奶和米奶。大麦、荞麦和藜麦等也逐渐被应用于谷物奶饮品生产加工中。其中，燕麦奶是以燕麦和（或）燕麦制品为原料，添加或不添加营养强化剂、食品添加剂和其他食品辅料，经酶解、均质等加工、调配制成的植物蛋白饮料或谷物类饮料。油脂被广泛地应用于改善燕麦奶的口感和营养价值。米奶饮品的制作工序包括米浆加水、加入米粉增强黏稠感、以及过滤等。

其他种子类乳饮品中葵花籽和葛藤类是比较常见的种子类植物基饮品的材料来源。这些原料通常在研磨前需要经过浸泡工序。同样，过滤也是产品加工工序中重要的一个环节。增稠剂、乳化剂同样被广泛应用于这一类别植物奶产品中，用于改善口感和延长货架保质期。例如，纯椰奶通常被储存在铝罐中用于烹饪用途；而椰奶饮品需要经过稀释加工工序，通过把椰子果壳里的果肉取出然后进行水解稀释而得到。新鲜椰肉经过加工设备磨碎，加入适量的水并进行挤压，再过滤得到椰奶饮品。椰奶本身虽含有天然乳化剂，但仍存在分层问题，即长期静止存放后，浓重的油脂易浮于液体表面形成分层。添加乳化剂是解决这一问题的一种方法。同时，在距离椰子原产地比较远的地区，浓缩椰奶和椰子粉通常被作为椰奶的原料来源。通过加入胶质或者槐豆胶对椰奶进行稳定化处理，并添加矿物质和维生素进行营养强化，以达到更全面的营养价值（表2-7）。

表 2-7　植物奶加工存在的问题与挑战

植物奶种类	问题与挑战
豆类	豆粉和蛋白粉的颗粒与最终乳饮品的原料颗粒大小差距较大，简单研磨无法满足加工需求
	研磨设备存在不适用于稳定剂等添加剂的情况
	不充分调和的情况下，油脂分离现象出现概率高
坚果类	颗粒面团形态的坚果原料可能在存储过程中被浪费
	完整坚果原料进行加工，需要同时应用多个设备进行研磨、分离和溶解
	原料颗粒可能存在细化程度不够、大量被过滤剩下的情况，造成大量浪费
	不充分调和的情况下，油脂分离现象出现概率高
	研磨设备存在不适用于添加剂和稳定剂的情况
	研磨设备清洁问题
谷物类	需要细致研磨原料，以减少原料浪费
	研磨设备不能形成乳化效果
	研磨设备存在不适用于稳定剂等添加剂的情况
	研磨设备清洁问题
	一般搅拌设备无法形成稳定乳化状态
	充分搅拌存在耗时问题
其他种子类	原料颗粒研磨程度不够可能导致大量原料被过滤剩下，造成原材料浪费
	不充分调和的情况下，油脂分离现象出现概率高
	研磨设备存在不适用于稳定剂等添加剂的情况
	研磨设备清洁问题
	添加剂存在未充分溶解大量滤出的情况，造成浪费

资料来源：Silverson，2021。

5 植物奶产业发展展望

5.1 产品营养强化

植物奶一定程度上存在营养不充分的问题，在营养价值上和牛奶有一定差异性。例如，除大豆豆奶以外，其他植物奶的蛋白质含量一般都低于牛奶。以牛奶为例，普通牛奶的蛋白质含量为3.3～3.5g/100mL，豆奶产品的蛋白质含量在3.0g/100mL的水平，接近牛奶含量，其他植物奶的蛋白质含量基本低于1%的含量水平，较难达到牛奶提供的蛋白质水平。青少年在成长过程中需要足量的蛋白质和钙，而植物奶的蛋白质含量相较牛奶较低，可以通过适当补充营养素来确保营养物质的充分提供。目前，碳酸钙和磷酸三钙盐是常用的钙强化剂。

5.2 产品多样性延伸

随着植物奶产品日益受到消费者喜爱，植物奶产品从液态奶逐渐延伸到其他品类，例如酸奶、奶油、冰淇淋和奶酪等。2016—2019年，植物基酸奶、植物基冰淇淋、冷冻酸奶、植物基奶油等细分品类快速发展，国内不少乳品和饮料企业也积极布局，推出植物基酸奶产品。同时，参照美国市场18亿美元的儿童植物基饮品市场，中国的儿童即饮植物基乳品发展前景同样巨大。

5.3　技术升级推动产品质量提升

植物奶在营养健康方面发展前景巨大，但是营养和口感均衡产品的开发，仍需要先进的加工技术。例如，通过调配、均质等工艺，饮品沉淀和乳化情况可以被控制在适当的范围内，在避免沉淀过多情况下，呈现较好的口感、风味和消费体验。同时，也需要避免过分加工调配，以避免材料成本上的浪费，并尽可能完整地保存植物奶本身营养元素和口感风味。

● **参考文献**

龚婷, 王宣敬, 2019. 牛乳的营养价值及功能特性研究进展[J]. 甘肃畜牧兽医, 49(12): 12–15.

KATOCH G K, NAIN N, KAUR S, et al., 2021. Lactose intolerance and its dietary management: an update[J]. Journal of the American College of Nutrition, 12(11): 1–11.

POORE J, NEMECEK T, 2018. Reducing food's environmental impacts through producers and consumers[J]. Science, 360(6392).

第 3 部分

全谷物食品产业发展与技术创新

1 全谷物食品发展背景

1.1 全谷物及全谷物食品的定义

2021年中国营养学会发布团体标准《全谷物及全谷物食品判定及标识通则》，对全谷物和全谷物食品进行了定义，规定了全谷物和全谷物食品的判定指标和标签标识。全谷物是指经过清理但未经进一步加工，保留了完整颖果结构的谷物籽粒；或虽经碾磨、粉碎、挤压等加工方式，但皮层、胚乳、胚芽的相对比例仍然与完整颖果保持一致的谷物制品。并且，基于食品安全和质量控制的考虑，在加工过程中允许有少量组分的损失，但皮层损失不应超过3%。全谷物食品是指配方中含有全谷物原料，且其质量占成品质量的比例不少于51%的食品（以干基计）。含全谷物食品是指全谷物原料质量不少于成品总质量的25%的食品（以干基计）。

国际上关于全谷物的定义大致相同，但关于全谷物食品中全谷物成分占比的规定在不同国家和地区有所差异。美国食品药品监督管理局（FDA）规定，如果一个产品在包装上标明"富含全谷物膳食，低总脂肪、低饱和脂肪与胆固醇，可以降低心脏疾病与某些癌症的风险"这样的健康声称，全谷物占产品总重量的比例不能低于51%（谭斌，2013）。欧盟最新定义的全谷物食品，是指产品以干重计至少含有30%的全谷物成分，且全谷物成分含量要多于精制谷物的含量。此外，丹麦和瑞典等国家还对不同种类全谷物食品中全谷物原料含量与食品总重的比例进行了规定（谭斌，2013）。

1.2　全谷物的营养与健康价值

谷物籽粒由胚乳、胚芽和皮层三部分组成。其中，胚乳主要由淀粉等碳水化合物与蛋白质组成；胚芽含有多种矿物元素、B族维生素、维生素E、抗氧化组分及脂质等；皮层包裹在种子外层，富含微量营养素和膳食纤维。

由科信食品与健康信息交流中心、中国疾病预防控制中心营养与健康所、国家粮食和物资储备局科学研究院等8家专业权威机构对国内外相关研究和资料进行梳理，发布的《全谷物与健康的科学共识（2021）》对全谷物的营养健康价值进行了系统科学的阐述。与精制谷物相比，全谷物能够更好地保留谷物中的营养物质。

经常食用全谷物对人体健康有许多益处，可以降低多种疾病的患病风险。（1）维持健康的体重。全谷物含有大量的膳食纤维，可以增强饱腹感，减少人体对脂肪和糖的摄入，从而达到控制体重和降低肥胖风险的目的。（2）降低心血管患病风险。全谷物中的活性成分通过调节体内代谢，有助于促进心血管的健康。（3）降低2型糖尿病患病风险。全谷物消化速度慢，能够减缓营养物质的吸收，有助于控制血糖、改善胰岛素敏感性，从而降低糖尿病患病风险。（4）降低某些癌症的患病风险。膳食纤维在肠道中发酵可产生有益的短链脂肪酸，具有预防大肠癌的风险。（5）有益于肠道健康，可降低肠道疾病的患病风险。全谷物含有丰富的可发酵膳食纤维，能够改善便秘，刺激肠道有益菌的生长，还可促进肠道菌群的稳定性和多样性（鞠兴荣等，2011）。2019年发表在《柳叶刀》（The Lancet）的一项关于195个国家和地区膳食结构造成的死亡率和疾病负担的研究表明，全谷物摄入不足是导致非传染性疾病死亡和伤残调整生命年的主要膳食风险因素。

1.3 全谷物膳食推荐摄入量

《中国居民膳食指南（2022）》建议每天摄入谷类

食物200～300g，其中包含全谷物和杂豆类50～150g。
2018年中国健康与营养调查数据显示，成年人全谷物和
杂豆的摄入量接近每天30g，超过60%的成年居民在膳
食调查的3天内不消费全谷物和杂豆（中国营养学会，
2022）。可见，虽然人们越来越关注饮食健康，但全谷
物实际消费和摄入量很少，远低于膳食指南推荐值。

《美国居民膳食指南（2020—2025）》指出，健康
的饮食模式鼓励全谷物的摄入，并限制精制谷物及其制
品的摄入。该指南建议每天摄入6盎司当量的谷物，其
中至少有一半谷物应是全谷物，大约相当于48g。《澳大
利亚居民膳食指南（2013）》则建议成人每天摄入4～6
份谷物（大约120～180g），其中大部分应是全谷物和高
膳食纤维谷物。《加拿大居民膳食指南（2018）》同样
建议，全谷物食品是营养食物并应该经常食用。

2 全谷物食品产业发展情况

2.1 国际全谷物食品产业发展情况

从20世纪80年代以来，发达国家对全谷物的营养价
值和保健作用进行了大量研究，表明长期摄入全谷物

有助于控制体重，并降低心血管疾病、2型糖尿病、肠道疾病等慢性疾病的患病风险（唐明礼等，2015；中国营养学会，2022）。此后，世界各国掀起了研发和消费全谷物食品的浪潮。一些发达国家相继发布了有关全谷物食品的健康声明和辨别全谷物食品的标签规定等。例如，美国农业部呼吁民众每天至少食用3次全谷物食品，这一倡议推动了市场上标识"全谷物"食品的快速发展（谭斌，2010）。2002年，英国发布了一份关于全谷物食品的权威文件，指出"一个拥有健康心脏的人倾向于食用更多的全谷物食品作为健康生活方式的一部分"（谭斌等，2009）。2003年，世界卫生组织（WHO）在关于膳食、营养与慢性疾病预防报告中推荐食用全谷物以增加纤维摄入量。欧盟于2005年启动了全谷物专项，旨在通过增加全谷物的摄入来改善人们的健康状况，减小代谢疾病的患病风险。近40年来，欧美发达国家在全谷物营养健康及倡导全谷物消费方面已经开展了系统深入的研究与推广工作，并且全谷物食品产业已经进入飞速发展阶段。

自2000年以来，国际上全谷物食品的产品开发数量急剧增长。2007年，世界范围内全谷物新产品比2000年增长了15倍，全球约有2368种全谷物产品进入市场（谭斌，2010）。2005年，美国全谷物委员会（WGC）推出"全谷物邮票"作为全谷物食品的识别标签。截至2024年7月，全球获准使用"全谷物邮票"的产品总数已超过13000种，分布在65个国家。

全谷物食品是健康食品，在保证食品安全的前提下，要最大程度地保留全谷物的营养价值；与此同时，更需实现口感与营养的统一。此外，应针对不同人群的营养需求研发种类丰富的产品。从产品的加工程度来看，初加工产品有以下几种。（1）全麦粉。有关研究调查显示，小麦常常配合面粉一起使用来制作各种全麦食品。这是因为在小麦的麸皮中含有人体所需的酚类和膳食纤维，这些营养物质能促进人体健康，并可以提高机体免疫力来抵御由于营养失衡而引起的多种疾病。（2）机械粉碎杂粮全粉。通过直接粉碎整粒杂粮，果皮经粉碎后不仅可以被充分利用，而且还可以提高面粉中营养物质的比例，让杂粮的使用率达到100%。（3）糙米。因为富含膳食纤维，在烹煮的过程中不易煮熟，口感较差，并会降低人体对大米中某些营养素的吸收利用。深加工产品有以下几种。（1）全谷物烘焙食品。目前，市场上是以全麦面包、全麦饼干以及各类杂粮糕点为主。此外，杂粮月饼也在逐步走进市场。（2）杂粮营养面条。杂粮营养面条以杂粮、杂豆作为主要原料。其中，在国际上，利用杂粮制作面条最有名的国家是日本，其产品形式多样且各具特色，尤其是荞麦面条。

2.2　中国全谷物食品产业发展情况

中国是粮食生产大国，水稻、小麦、玉米三大主粮的产量均位居世界前列，还盛产特色杂粮，主要包括荞麦、青稞、燕麦、高粱、小米等。21世纪初，中国谷物的加工和主流消费基本处在不断追求感官品质的精白米面食品阶段。在大米和面粉总产量中，特等米、标准一等米以及特制一等粉等加工精度较高的产品占比明显较大。谷物过度加工、追求精细化，造成大量营养物质的损失、资源浪费和加工能耗增加。自"十一五"以来，在国家和社会高度重视粮食安全、节能减排和资源节约等的发展大背景下，粮食加工过精过细的问题和全谷物健康逐步引起有关组织机构和社会大众的关注。在此背景下，中国全谷物食品产业开始起步。"十二五"产业发展规划将发展全谷物食品列入产业发展的重点，并开展了全谷物加工技术研究，初步形成了一些成熟技术。糙米、全麦粉、燕麦片等全谷物食品开始崭露头角。《粮食行业"十三五"发展规划纲要》中明确提出，要大力实施"绿色健康谷物口粮工程"，积极发展全谷物食品，提高出品率，更大程度地保留粮食中的营养成分。国务院办公厅印发的《关于加快推进农业供给侧结构性改革大力发展粮食产业经济的意见》指出，推广大米、小麦粉和食用植物油适度加工，大力发展全谷物等新型营养健康食品。《粮食加工业发展规划（2011—2020年）》也明确提出，推进全谷物健康食品的开发，鼓励增加全谷物营养健康食品的摄入，促进粮食科学健康消费。发展全谷物食品产业是粮食行业落实"健康中国"发展战略的重要组成部分。

经过十多年的发展，中国全谷物食品产业在各个方面均呈快速发展趋势。多种全谷物主食和方便食品的新产品不断涌现，但总体上仍存在品种单一、规模较小的问题（谭斌等，2009）。全谷物食品按其原料来源可分为糙米及其制品、全麦粉及其制品和杂粮及其制品。典型的糙米制品有同熟化糙米、发芽糙米、糙米米粉、糙米饮料和速食糙米粥等；全麦制品有全麦粉、全麦馒头、全麦面包、全麦饼干和全麦面条等；杂粮制品有杂粮粉、燕麦片、杂粮挂面和杂粮点心等。产品品类包括了全谷物粉、全谷物米、全谷物主食制品、全谷物方便食品、全谷物速食粥和全谷物饮料等。

3 全谷物食品市场与消费

3.1 国际全谷物食品市场与消费

消费者营养健康意识的不断增强推动全谷物食品市场的兴起和突飞猛进式的发展。一个完善的标准体系是全谷物市场规范的基础。目前，国际上全谷物食品还没有统一的定义和标准，美国、英国和瑞典等国家制定了专门的规范。

全谷物食品的新产品开发数量从2000年以来急剧增长，其中增长最快的地区是美国，而亚洲和拉美国家增长相对缓慢。截至2024年7月，全球"全谷物邮票"标识的超过13000种产品中，主要的种类包括冷食谷物类（18%）、零食（17%）和面包类（15%）等。在这些产品中使用100%全谷物标识的产品约占42%，50%以上全谷物标识的产品约占38%。美国全谷物邮票标识食品占全球总数的66%，可见美国仍是全谷物食品的主要消费国家。根据2019年美国国家卫生统计中心（NCHS）发布的数据显示，2005—2015年，美国成年居民的全谷物摄入量占总谷物摄入量的比例增加了26%（Ahluwalia et al.，2019）。研究显示，2013—2016年，美国成年居民在餐厅日均消费的全谷物从0.22份增加至0.49份，在快餐店日均消费的全谷物从0.08份增加至0.31份（Liu et al.，2020）。此外，2018年美国全谷物委员会关于美国消费者对全谷物喜爱程度的调查结果显示，将近三分之一的消费者表示几乎只吃全谷物。这些来自世界各地的市场消费数据表明，全谷物凭借其营养健康的优势正在逐渐进入人们的家庭，改变着人们的饮食习惯与食物结构。

3.2　中国全谷物食品市场与消费

中国第一个全谷物产品行业标准《全麦粉（LS/T 3244—2015）》已于2015年7月发布并实施，为全麦粉及其制品的发展奠定了良好的基础。2018年12月，中国焙烤食品糖制品工业协会发布了几项全谷物食品的团体标准，包括《全谷物冲调谷物制品》、《全谷物焙烤食品》和《全谷物膨化食品》，这为中国全谷物标准体系的建设做出了贡献。中国营养学会于2021年6月发布团体标准《全谷物及全谷物食品判定及标识通则》（以下简称《通则》），规范了中国全谷物及全谷物食品的判定指标和标签标识。此《通则》形成了一个通用性和可操作性强的全谷物食品定义，促进中国全谷物食品在全世界范围内的发展和推广。早期，一方面，由于中国缺乏全谷物食品的规范及对全谷物食品消费的引导，消费者对全谷物食品的认识不够，使得产品的市场需求较低。另一方面，由于加工技术限制，中国全谷物食品的产品结构较为单一，而且产品划分粗略，针对性不强，大大限制了全谷物食品消费市场的拓展。

全球绿色联盟（北京）食品安全认证中心是国内首家在国家认监委完成《全谷物食品认证实施规则》和《全谷物食品认证标志》备案的认证机构，具有法律效力。全球绿色联盟（北京）食品安全认证中心是国家市场监督管理总局批准的第三方独立认证机构，也是国内领先的专注于食品领域创新型认证的专业机构，对外简称"GGU"或"GGU认证"。目前，国际上全谷物含量达到27%及以上的食品，并获得相关组织的批准认可后，即可声称全谷物食品。通常分为三个等级，即全谷物含量27%+、50%+、100%。GGU认为27%~50%、50%~100%之间的跨度较大，消费者在购买全谷物食品时并不知道全谷物的实际含量。GGU推出的全谷物食品认证标志，在要求全谷物的最低含量必须大于27%的前提下，由认证检查员在企业生产的现场，根据产品配料或投料的实际情况，核实全谷物的实际含量比例进行标注。这样既可以给企业更大的自主权，也可以让消费者了解买到的全谷物食品的全谷物实际含量。根据国家有关规定，只有通过全谷物食品认证的产品，才可以在包装、标签、广告、宣传和说明书等中使用全谷物食品认证标志。全谷物食品认证标志是连接企业产品和消费者信任的桥梁，也是消费者识别全谷物食品最简单有效的方法。全谷物食品认证是推动全谷物食品产业发展的重要支持力量，对规范和促进全谷物食品产业发展具有重要意义。

随着中国社会经济的发展，人们的生活水平大大提高，中国居民的膳食结构发生了很大变化。近年来，在相关政策大力支持下，中国全谷物食品市场蓬勃发展。据不完全统计，2015年中国以杂粮为主要成分的全谷物健康食品销售额超过1500亿元，但在中国谷物食品总量中的占比仍然很小（姚惠源，2017）。就产品的人群定位而言，现有产品以面向儿童和老人为主，而缺少针对女性消费者的产品，其消费市场有待拓展。过去10年，中国每年新上市的产品中宣称含有"全谷物"的产品数量呈现逐年上涨态势，主要品类集中在烘焙食品、早餐谷物食品和零食，如燕麦片和玉米片。截至2016年，中国新上市"全谷物"字样的产品累计有314款，共10个品类，其中烘焙类食品占比最大，达到42%，其次是早餐谷物食品（24%）和零食（14%），其他产品品类较少（图3-1）。与同年全球有7500余种全谷物食品进入市场相比，中国仍有较大的发展空间（赵芃等，2018）。

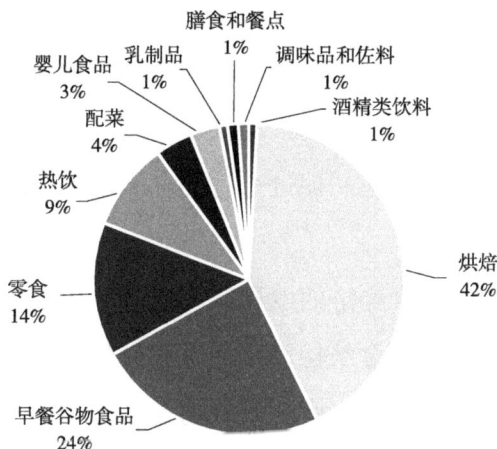

图3-1 2000—2016年中国大陆新上市的食品饮料中宣称有全谷物的品类累计比例图

（资料来源：每日食品，2017）

2021年，针对中国消费者对全谷物的认知与消费状况的调查数据显示，仅有24.6%的消费者能够说清楚什么是全谷物；95%的消费者对全谷物的营养价值认知不全面，仅有15%的消费者知道每天该摄入多少全谷物。在全谷物消费方面，78%的消费者认为自己对全谷物有所了解，且认为健康成人也应该每天吃全谷物。但只有不到一成（9.15%）消费者能够做到每天都吃全谷物，而能达到膳食指南推荐量的更是只有5.84%。从饮食习惯来看，78%的消费者是通过早餐吃全谷物的，目前国内市场销售的全谷物食品主要包括早餐麦片、全麦面包等，其消费者认知度分别达到70%和83%（科信食品与健康信息交流中心等，2021）。《2020年线上健康谷物食品消费趋势洞察报告》显示，冲饮麦片成为越来越受消费者青睐的全谷物食品。近两年，冲饮麦片消费增速持续上涨，近一年增速超过了60%，麦片在整体全谷物食品中的人群渗透率也不断提升。而相较于发达国家，中国消费者的人均麦片消费量仍然具有巨大的发展空间（图3-2）。预计2024年中国麦片市场可达120亿元。

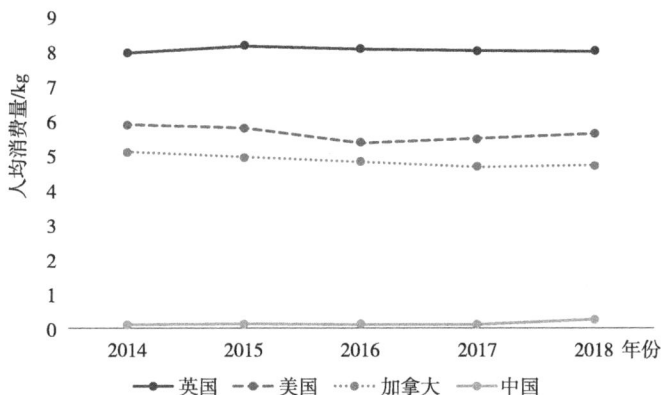

图3-2　2014—2019年不同国家早餐麦片人均消费量变化
（资料来源：CBNdata，2020）

4 全谷物食品加工技术进展

传统主食类的全谷物食品直接以原粮形式销售，而冲调类和即食类的全谷物食品为达到简便即食的目的，需进行工业化加工处理后再进行销售。从全谷物的碾米制粉到加工改性，再到食品品质改良，这一过程中涉及众多工序，需要借助各种传统和新型的物理和生化的技术手段来支持全谷物食品的加工需求。相较于精白米面产品，全谷物食品尽管营养价值高，但通常口感较粗糙，质构和外观的局限性大，适口性较差，这是在全谷物食品的推广中存在的最大障碍。同时，全谷物在食品加工中营养损失的控制、产品稳定性和货架期的控制等诸多问题，都需要通过应用合适的加工技术加以解决和改善，才能研发出营养健康、适口性好的全谷物食品。

4.1 物理技术

4.1.1 挤压膨化技术

挤压膨化技术是为改善全谷物食品食用品质和货架期应用最多的一种高温、短时物理加工技术。这种技术的工艺原理是利用挤压膨化机中螺杆、螺旋的推动力，将物料向前轴向推动挤压，物料受到机械混合、搅拌和摩擦；随着机腔内部压力的逐渐增大和温度的持续升高，物料在高温、高压、高剪切力的作用下，淀粉糊化裂解，蛋白质变性，纤维部分降解细化；在强大压力差下，物料瞬间从模孔喷出，水分急骤汽化，进而出现膨化现象，形成酥松多孔的膨化产品。经过挤压膨化处理后，全谷物挤出物的堆积密度降低，水溶性提高，质构和粗糙口感明显改善。挤压膨化技术具备产品多样化、营养成分保存率大、利用率高、生产设备简易且无污染的特点。然而，设备操作关键参数和原料加工工艺参数的优化仍然是当前的研究热点。随着新技术和新工艺的出现以及绿色环保观念的增强，低温膨化技术和超声膨化技术等也极具应用前景。

4.1.2 超微粉碎技术

超微粉碎技术是一种利用机械力或流体动力来克服谷物内部的凝聚力，从而将3mm以上的谷物原料颗粒粉碎至10~25μm的新技术。经过超微粉碎的全谷物，其主要化学结构没有被破坏，因此具有更好的溶解性、分散性和吸附性。超微粉碎技术是全谷物的一种常见加工方式，在小麦、玉米、燕麦、荞麦等谷物加工中常有应用。然而，目前关于超微粉碎技术的有些问题仍有待进一步研究，如全谷物超微粉碎粒度的控制，超微粉碎后的全谷物比表面积的增大和破壁后溶出的物质是否会影响产品的营养价值和货架期等。

4.1.3 超高压技术

超高压技术是一种在室温或较低温度加热条件下，利用100MPa~1000MPa的压力对物料进行处理的非热加工技术。在操作过程中，温度一直保持在恒定无熟化状态，因此对维生素、色素等低分子物质影响较小，能很好地保留全谷物原料中的营养成分、色泽和天然风味等。超高压处理能导致非共价键（氢键、离子键和疏水键等）的断裂，使酶、蛋白质、淀粉等天然高分子物质失活、变性和糊化，从而达到食品灭菌、保藏和加工的目的。超高压技术是近年来新兴的全谷物食品加工技术之一，不仅有效降低了加热处理对产品本身营养成分的不良影响，还具有耗时短、耗能低、污染小的优点。然而，不足的是经超高压处理的全谷物食品必须进行密封包装处理。

4.1.4 低温等离子体技术

低温等离子体技术作为一种新型非热加工技术已开始应用于全谷物食品领域。该技术利用低温电离气体对全谷物进行加工和改性，可缩短全谷物的蒸煮时间，减少全谷物中营养物质的损失，提高生物活性，改善其食用品质。然而，这一技术还不够成熟，在全谷物食品中的应用仍需进一步研究。

4.2　全谷物食品加工的生物技术

4.2.1　酶辅助加工技术

酶辅助加工技术的原理是利用酶解作用破坏谷物细胞壁，从而释放细胞壁内的生理活性物质，并降低抗营养因子的含量，降解皮层物质中的不溶性纤维素、淀粉和蛋白质，软化皮层结构，改善全谷物的蒸煮品质和食用口感。常用的酶有淀粉酶、纤维素酶、木聚糖酶、β-葡聚糖酶和酯酶等。然而，酶的储存、杂菌污染和稳定性较差是酶辅助加工技术推广中的难点。同时，如何使酶在合适的环境条件下进行高效的催化反应，以及酶解不同物质使用的复合酶之间的协同作用机制等问题都有待解决。

4.2.2　发芽技术

发芽技术又称为萌芽技术，在全谷物食品加工中的应用已成为研究热点。全谷物发芽技术是将全谷物籽粒置于适宜的温度和湿度环境中，使籽粒由休眠状态转化为代谢活跃状态，进而在籽粒内部发生一系列有序而又复杂的生理生活过程。在这一过程中，多种内源酶（如淀粉酶、蛋白酶、纤维素酶等）得以被激活和释放。这导致全谷物的理化性质和营养成分发生改变，如纤维素皮层软化，蒸煮特性和食用口感得以改善，以及阿拉伯木聚糖、谷维素、γ-氨基丁酸、抗氧化成分等生理活性物质的含量提高。目前，发芽技术的应用存在的问题有：在发芽浸泡过程中，谷物失去特征气味；不同种类的内源酶激活条件和机制尚不清楚；关于发芽技术在全谷物加工中的条件优化机理还需进行深入研究。

4.2.3　发酵技术

发酵技术是通过有益微生物，如酵母菌、乳酸菌等的生物化学反应改变全谷物中的营养组分和抗营养组分的比例，增加全谷物中生物活性成分的种类和含量，如多糖、多酚、有机酸等，同时降低抗营养因子，从而促进人体的消化吸收，提高产品的营养价值。发酵技术广泛应用于全谷物的加工利用，经发酵后的全谷物其加工特性和食用品质得到改善。发酵技术在全谷物食品应用方面具有很大的发展潜力。虽然发酵这项传统技术拥有悠久的历史，但在全谷物加工中仍存在如优质发酵剂、发酵方式、产率及成本高等问题尚未完善。因此，研究相关加工条件，提高发酵全谷物食品品质和实现产业化生产迫在眉睫。

目前，全谷物食品的加工和研发是多种技术相结合的。通过技术进步和创新，解决全谷物食品应用中的局限性，实现全谷物食品的安全、营养和美味，是全谷物食品产业发展的重要挑战和目标。

5　全谷物产业发展展望

让全谷物食品走上每个国人的餐桌，进而改善国民营养健康，这是全谷物食品产业发展的最终目标，实现这一目标任重而道远。经过近些年的发展，中国全谷物食品产业已取得一些成果，但总体来说仍处于成长阶段，存在许多困难和问题。例如缺乏先进的加工技术导致全谷物食品感官品质差、市场占有率低，同时缺乏有效的科普宣传和消费引导等。未来我们大力发展全谷物食品产业，需要政府、科研单位、企业、社会团体、消费者等多方的共同努力。在技术研发方面，优质谷物品种的培育和种植技术优化是基础，全谷物营养保全加工技术是关键，膳食合理搭配是消费者健康的重要保障。在消费引导方面，应采用多种方式并结合现代信息传播手段，普及全谷物知识，引导消费者从"口感导向"向"营养导向"的饮食观念转变，这将是全谷物产业可持续发展的源动力（刘锐等，2021）。中国全谷物市场潜力巨大，应抓住发展机遇，结合中国国民的消费习惯，发展全谷物食品主食化、方便化、创新化，实现增加国民全谷物摄入、改善国民营养健康的目标。

● **参考文献**

鞠兴荣, 何荣, 易起达, 等, 2011. 全谷物食品对人体健康最重要的营养健康因子[J]. 粮食与食品工业, 18(6):1.

科信食品与健康信息交流中心, 中国疾病预防控制中心营养与健康所, 国家粮食和物资储备局科学研究院, 等, 2021. 全谷物与健康的科学共识（2021）[J]. 中华预防医学杂志, 55(12): 1383–1386.

刘锐, 李松函, 聂莹, 等, 2021. 营养导向的全谷物产业思考[J].中国粮油学报, 36(7): 182–187.

谭斌, 谭洪卓, 刘明, 等, 2009. 我国全谷物食品发展的必要性与挑战[J]. 粮食与食品工业, 16(4): 4–8.

谭斌, 2010. 全谷物食品: 健康食品新趋势[J]. 农产品加工, (4): 4–5.

谭斌, 2013. 我国全谷物定义、标签标识及标准体系构建的思考[J]. 食品工业科技, 34(4): 45–48.

唐明礼, 王晓琳, 陈妍婕, 等, 2015. 全谷物的功能特性评价[J].食品工业科技, 36(6): 395–399.

姚惠源, 2017. 大力发展杂粮产业和全谷物食品推进粮食供给侧结构性改革[J]. 粮油食品科技, 25(3): 1–3.

赵芃, 郭斐, 董笑晨, 等, 2018. 全谷物食品行业概况和发展趋势[J]. 现代食品, (15): 8–12.

中国营养学会, 2022. 中国居民膳食指南（2022）[M]. 北京：人民卫生出版社.

AHLUWALIA N, HERRICK K A, TERRY A L, et al., 2019. Contribution of whole grains to total grains intake among adults aged 20 and over: United States, 2013–2016[J]. NCHS data brief, (341): 1–8.

LIU J, REHM C D, RENATA M, et al., 2020. Quality of meals consumed by US adults at full–service and fast–food restaurants, 2003–2016: persistent low quality and widening disparities[J]. The Journal of Nutrition, 150(4): 873–883.

第 4 部分

高 n-3 多不饱和脂肪酸植物油产业发展与技术创新

　　n-3多不饱和脂肪酸（n-3 PUFAs）是指多不饱和脂肪酸（PUFAs）中第一个不饱和键出现在碳链甲基端的第三位，称之为n-3 PUFAs，也叫 ω-3 PUFAs。膳食中n-3 PUFAs分为动物性来源、微生物来源和植物性来源。其中，动物性来源的主要以二十二碳六烯酸（DHA）和二十碳五烯酸（EPA）为代表，均为顺式超长链多不饱和脂肪酸，多见于深海鱼产品中。微藻来源的n-3 PUFAs主要为DHA和EPA，这些藻油属于微生物油脂，由于未经食物链的传递，因此相对更安全。植物性来源的n-3 PUFAs主要以 α-亚麻酸（ALA）为代表。由于人体内不能自行合成ALA，所以必须从体外摄取。ALA为n-3系列唯一的必需脂肪酸，长期缺乏会引起机体脂质代谢紊乱，进而引发免疫力降低、健忘、视力减退、生长迟缓等症状。

　　ALA多见于植物绿叶、油料作物及坚果中。其中，亚麻籽油、紫苏籽油中ALA含量高达40%以上。此外，菜籽油、大豆油和核桃油中也含有接近10%左右的ALA。益处和风险分析评价结果显示，膳食补充鱼类可能会导致EPA/DHA和重金属、有机污染物共摄入问题，存在潜在的健康风险，且营养特性受限于膳食摄入前的氧化程度。海产品来源的EPA/DHA不仅在膳食摄入的可及性和可持续性不及植物来源的ALA，因具有特殊的鱼腥味导致适口性差（Singh et al.，2018）。此外，EPA/DHA的摄入还可能受食物选择倾向性的影响，比如素食主义者。因此，通过膳食补充ALA，并依赖其内源性合成EPA/DHA，以改善中国居民膳食中n-3 PUFAs摄入不足的现况显得尤为必要和紧迫。

作为最简单的n-3 PUFAs，ALA经人体摄入后，在体内能够依次内源转化合成其他长链n-3 PUFAs，如EPA、二十二碳五烯酸（DPA）和DHA（图4-1）（Park et al.，2015）。因此，对于摄入海产品来源n-3 PUFAs不足的人群，ALA具有一定的补偿作用。ALA向EPA和DHA的转化效率受基因多态性、年龄及性别（激素水平）、膳食背景（如ALA摄入量）、EPA/DHA摄入量（终产物的反馈抑制调节）、ALA摄入形式（以游离脂肪酸、磷脂或甘油三酯形式）及分析方法等因素的影响。通常，ALA向EPA和DHA的转化效率分别低于5%和1%，但通过筛选适宜的乳化剂人工构建ALA的纳米乳液，或借助油脂体这一天然的ALA载运体系，有望在调控富含ALA油脂的胃肠道消化吸收、增强ALA在机体的富集以及在提高EPA/DHA转化效率方面实现一定的突破。此外，相比较于DHA和EPA，摄入ALA本身对于改善身体健康同样具有重要作用。ALA是构成脑细胞膜、突触、髓鞘、突触间隙神经递质和递质受体结构的主要成分。通过膳食结构调整，增加富含ALA的食物的摄入量和摄入频次，同样能够改善机体的生长发育和认知功能并具有抗炎、降压调脂、免疫调节、抗肿瘤、神经保护、预防过敏反应和改善记忆等营养健康功效。

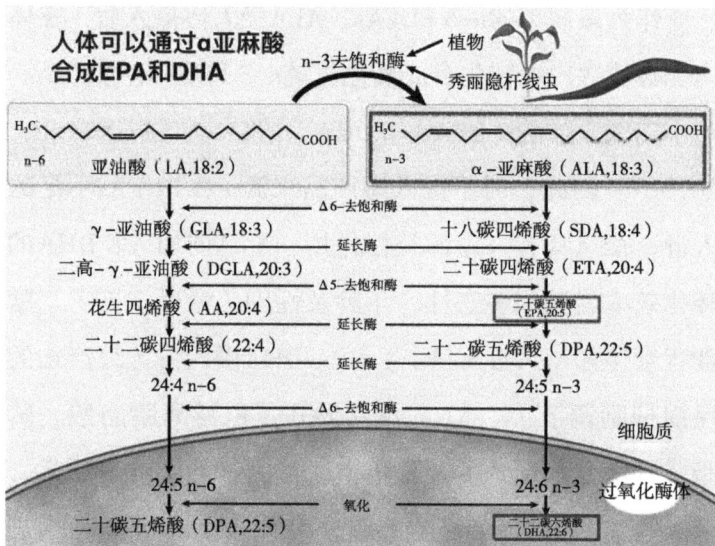

图4-1 ALA生成EPA和DHA的转化路径
（资料来源：中国营养临床网，2022）

随着中国膳食体系的变迁、食品加工业的蓬勃发展、居民营养健康意识的增强，人们对ALA相关产品的消费需求日益增加，同时对ALA相关产品的健康功效、产品形态、应用场景等提出了更高的要求：首先，ALA分子结构含有多个双键，在加工贮藏和胃肠道消化环节容易发生氧化，是否存在潜在的食用安全和健康风险问题；其次，单一摄入ALA能否满足机体尤其是大脑和视网膜组织对EPA、DHA在营养层面的需求；再次，亚麻籽油等富含ALA的油脂存在苦味等不良风味是否能够满足消费者对食用油感官特性的需求；最后，ALA自身代谢转化生成的或膳食获取的EPA/DHA如何进一步负向反馈调控ALA的代谢转化。前期大量研究聚焦亚麻籽油、紫苏籽油等富含植物性n-3 PUFAs油料的提质制取、营养健康效应、ALA体内外消化吸收和代谢转化等方面。基于此，本文主要以亚麻籽油、紫苏籽油及其微囊粉、高纯度ALA为重点，从必要性、研究进展、生产技术以及未来展望和挑战等几个方面对富含ALA的产品进行系统性介绍。

1 ALA 研究的必要性

1.1 食用油摄入量增加，n–6/n–3 比例失衡，n–3 PUFAs 摄入量严重不足

近年来，随着中国经济形势的稳定并持续增长，城乡居民收入和生活水平大幅提升，中国居民对食用植物油的需求量不断增加。据国家粮油信息中心数据显示，2018年中国食用植物油消费量为3767万吨，同比增长2.2%。随着基数不断增大，增速放缓趋势明显，2020年消费量同比增长1.8%，达到3836万吨。同时，市场数据显示，大豆油、菜籽油、棕榈油和花生油位居中国植物油消费市场的前四位，占据了90%左右的市场份额。表4–1为中国常见植物油的主要脂肪酸组成分析。从表4–1中可知，亚麻籽油和紫苏籽油是ALA含量最高的两种油脂，远高于其他植物油。

表 4–1 常见植物油的主要脂肪酸组成

单位：%

脂肪酸名称	大豆油	菜籽油	棕榈油	核桃油	花生油	葵花籽油	橄榄油	芝麻油	亚麻籽油	紫苏籽油
棕榈酸	10.57	3.60	44.02	6.71	12.20	5.58	11.60	8.44	6.11	6.21

脂肪酸名称	大豆油	菜籽油	棕榈油	核桃油	花生油	葵花籽油	橄榄油	芝麻油	亚麻籽油	紫苏籽油
硬脂酸	4.09	1.50	4.54	2.51	2.75	4.82	2.02	5.43	4.11	2.56
油酸	22.98	51.47	39.15	20.86	52.00	25.54	66.57	38.90	23.14	15.32
亚油酸	54.51	26.76	10.12	56.51	27.50	58.23	10.52	42.65	16.20	10.05
α–亚麻酸	7.23	9.60	0.37	10.66	–	0.04	0.76	0.27	55.28	65.43
n–6/n–3	7.54	2.78	27.35	5.30	–	1455.75	13.84	157.96	0.29	0.15

资料来源：贝雷油脂第六版。

注：同品种不同产地脂肪酸组成略有差异。

目前，在全国范围内关于n-6/n-3摄入比例的相关报道中，纳入人群数量最多的、调查范围最广的是国家卫生健康委员会（原卫生部）、科技部和国家统计局联合发布的《中国居民营养与健康现状》。从1982年到2002年，这20年间中国居民的多不饱和脂肪酸n-6 PUFAs和n-3 PUFAs的摄入量和摄入比例不断上涨（邓泽元等，2008）。亚油酸（LA）/ALA摄入比例达到了9.55，且表现出明显的地域差异（苏杭，2018）。除西安、重庆等少数地区外，中国居民膳食LA/ALA摄入比例远高于联合国粮食及农业组织（FAO）推荐的2.5～8:1的比例（de Lorgeril and Salen，2012），其中位于上海和广州的居民

LA/ALA摄入比例更高，分别达到9.6和12.8。植物性n-3 PUFAs的过少摄入，导致中国居民膳食n-6和n-3 PUFAs摄入比例严重失调，这可能是导致多种慢性病发病率逐年上升的潜在重要原因。

1.2 ALA 摄入不足、LA 等 n-6 PUFAs 摄入过多易引发人体炎症反应

很多慢性疾病，如动脉粥样硬化、2型糖尿病、非酒精性脂肪肝病等的发病过程均与机体炎症反应相关（Syndrome, 2006; Baker, Hayden, and Ghosh, 2011; Teng et al., 2014）。

研究表明，LA和花生四烯酸（ARA）等n-6 PUFAs在摄入过多的情况下，经链延长酶等催化作用下产生具有促炎作用的前列腺素（PGE2）和白三烯B4等氧脂。这些氧脂素进而可激活中性粒细胞、巨噬细胞，刺激肿瘤坏死因子-α（TNF-α）、白细胞介素（IL-1、IL-2、IL-8）和干扰素（IFN）等炎症细胞因子的释放增多。相比较而言，ALA、EPA和DHA等n-3 PUFAs在代谢中生成消散素和保护素，能够在关节炎、结肠炎、哮喘等多种炎性疾病中发挥抗炎活性。当n-6 PUFAs LA、ARA和n-3 PUFAs ALA、EPA和DHA同时在体内代谢时，两者竞争

相同的脂肪酸代谢酶（Elovl5和FADS1）。因此，膳食中ALA摄入量的增加，能够通过依次生成EPA和DHA、DPA等，参与调控机体炎症反应，竞争性抑制LA和ARA代谢生成的促炎性细胞因子和促炎性介质的生成，从而缓解机体的过度炎性反应（Kohli and Levy，2010；Miyata and Arita，2015）。

因此，发展富含ALA的植物性产品，为中国居民提供安全、营养和健康的食物，提高居民膳食ALA摄入量，降低LA/ALA摄入比例，减少机体炎症反应，提高机体免疫力，是未来很长一段时间中国面临的一个重大挑战。

1.3　ALA氧化稳定性差，极易发生氧化反应

油脂氧化成为富含ALA油脂产业化应用的一个限制性因素。ALA中多个烯丙基结构的存在导致其氧化稳定性差。研究表明，亚麻酸甲酯、亚油酸甲酯、油酸甲酯和硬脂酸甲酯的氧化速率比为179：114：11：1。亚麻籽、紫苏籽在烘烤、油脂压榨、精炼和贮藏过程中，由于氧气、热、金属离子等促氧化因素胁迫，通过双键 α 位氢原子夺取、氢过氧化物 β -裂解等发生脂质自由基链式反应，生成种类繁杂的氧化产物，包括氢过氧化

物、环氧脂肪酸、α，β-不饱和醛等物质（Zhang et al.，2012），使油脂发生酸败，保质期缩短。上述脂质氧化过程生成的庚醛、E,Z-3,5-辛二烯-2-酮等小分子物质会使得油脂具有鱼腥味等不良风味，严重影响油脂的感官品质（Mohn et al.，2017；龚东平等，2010）。此外，在体内消化的过程中，由于胃液酸性环境和较高含量的过渡态金属离子等构成了促脂质氧化微环境，在小肠阶段脂质会被彻底水解为游离脂肪酸，导致其氧化稳定性更低，从而赋予了ALA多重促氧化环境。值得关注的是，在加工贮藏条件下，油脂自由基链式反应生成的α，β-不饱和醛类产物会进一步发生降解反应（Guillén and Goicoechea，2008），生成小分子的醛酮类物质（图4-2），挥发性强，不会随着膳食脂质的摄入被人体吸收，不足以构成安全风险；而PUFAs在胃肠道中发生氧化反应生成的此类氧化产物，则能够在胃肠道消化过程中保持稳定，最终被小肠上皮细胞吸收并进入到人体循环（Eder et al.，2003；Yen et al.，2010；Chiang et al.，2011），进而危害人体健康（Xie et al.，2016；刘滢，2019）。因此，提高富含ALA产品在加工、贮藏、消费以及人体胃肠道消化吸收过程中的稳定性，对创制安全、健康的ALA植物油及相关产品至关重要。

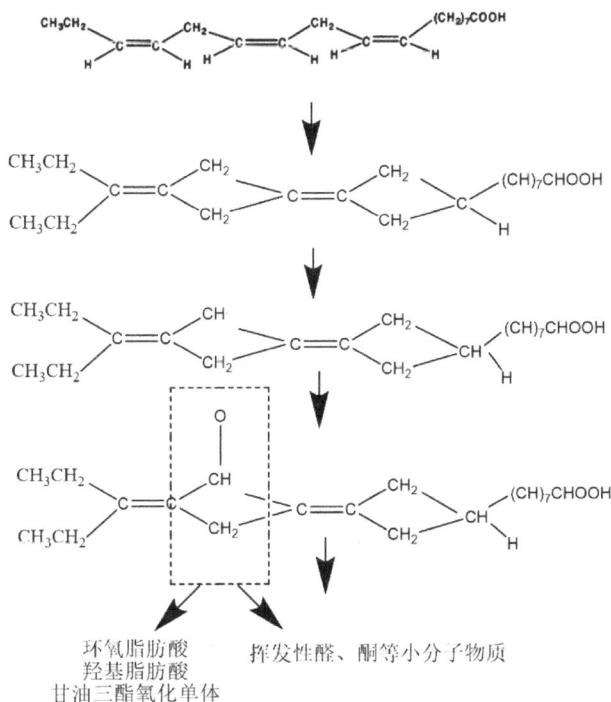

环氧脂肪酸
羟基脂肪酸
甘油三酯氧化单体　　挥发性醛、酮等小分子物质

图4-2　ALA氧化路径

（资料来源：Morales，2013）

2　富含 ALA 的植物油研究现状

2.1　亚麻籽油的研究进展

亚麻籽，也称为胡麻籽，亚麻科亚麻属植物，是一

种含有丰富营养成分和功能性成分的油料作物。它是中国甘肃、宁夏、河北、新疆、山西、内蒙古等北方地区重要的经济作物。除富含ALA油脂外，亚麻籽中蛋白质含量约为30%，氨基酸种类丰富，尤其是精氨酸、谷氨酰胺等氨基酸的优质来源。此外，亚麻籽中还富含酚酸类、植物甾醇类、黄酮类等生物活性成分，其中开环异落叶松树脂酚（SECO）的含量远高于其他作物，是亚麻籽中最主要的木酚素。亚麻木酚素作为天然的植物雌激素具有抗氧化、抗真菌、抗炎等多种生物活性（李高阳、丁霄霖，2005；林非凡、谭竹钧，2012；杨春英、刘学铭、陈智毅，2013）。

亚麻籽油是经过压榨、浸出等工艺从亚麻籽中制取出来的油脂。根据亚麻籽油国家标准（GB/T 8235—2019）规定，亚麻籽油中ALA含量为45%~70%。目前，国内市场上含有一定比例亚麻籽油的产品主要有低温压榨亚麻籽油、浓香亚麻籽油、亚麻籽油调和油、高木酚素亚麻籽油、亚麻籽油软胶囊等。除开发成食用油外，将亚麻籽油添加到动物饲料中能够提高动物自身的健康水平，从而提高人体摄入的肉、蛋、奶中n-3 PUFAs的含量（张绪霞、董海洲、刘传富，2006；de Souza et al.，2007；刘利晓，2007），更有益于人类的健康。

目前，中国仍有较多亚麻籽油加工企业采用作坊式生产。在此加工条件下，亚麻籽原料和油脂品质均难以得到保证。因此，提高亚麻籽现代化加工水平，延长亚麻籽油货架期，改善亚麻籽油风味，开发出适合不同区域、不同人群、不同应用场景的亚麻籽油产品，将成为亚麻籽油高值化加工领域的重大挑战。

2.2　紫苏籽油的研究进展

紫苏，又称红苏、赤苏、苏子，作为一种多用途植物，因其特有的生物活性成分和丰富的营养价值，已受到全球各国的广泛关注。紫苏在中国各地广泛栽培，产于河北、河南、山东、山西、江苏、浙江、湖北、四川、广东、广西等省份。紫苏籽作为紫苏的种子，含有大量的脂肪、蛋白质、粗纤维以及非氮物质等。紫苏籽中蛋白质含量占26%以上，其氨基酸组成较全面。按韦尔斯等提出的氨基酸平衡理论可知，紫苏饼粕的有效蛋白质水平接近豆粕，是一种优质的蛋白质资源（杨晓静、王立众、李和，2006）。此外，紫苏籽富含丁香油酚、二氢紫苏醇等物质，具有抗氧化作用，可用作食品的天然无害防腐剂。紫苏籽中含有的紫苏醛具有特殊诱人的香味，利用现代方法提炼纯化可生产出珍贵的香精物质。

紫苏籽油是指紫苏籽粒经过压榨、浸提等工艺提取到的食用油，紫苏籽油行业标准（LS/T 3254—2017）中规定紫苏籽油ALA含量在56%～70%之间（王岚、夏继成，2011），是目前为止发现ALA含量最高的植物油之一。紫苏籽油中含有丰富的生育酚、迷迭香酸等活性物质，在紫苏籽油中发挥抗氧化作用。此外，紫苏籽油中还含有丰富的植物甾醇，主要为β-谷甾醇、豆甾醇、菜籽甾醇和菜油甾醇。市场上，紫苏籽油按照产品类型主要分为热榨紫苏籽油、低温压榨紫苏籽油以及紫苏籽油软胶囊（Okuno et al., 1997；陈亮，2011；Zhang et al., 2014）。

相比较大宗油料，目前紫苏种植规模小，加工企业少，深加工不足，产业体系不健全，这些是制约紫苏油企业发展的瓶颈。利用中国丰富的紫苏自然资源，引进并培育优质含油量高的品种，加强紫苏籽油及其深加工产品营养健康功能的基础研究，同时积极开发紫苏深加工产品，这将成为紫苏加工行业面临的重大挑战。

2.3　富含 ALA 植物油在食品领域的应用

目前，亚麻籽油、紫苏籽油等富含ALA植物油在食品领域广泛应用于食用油、功能食品、保健食品等各类产品中。

2.3.1　营养强化油

《中国居民膳食营养素推荐摄入量（2023版）》提出饱和脂肪酸、单不饱和脂肪酸、多不饱和脂肪酸的摄入要均衡，并给出了推荐摄入量范围，其中n-6 PUFAs 2.5%E ~ 9.0%E、n-3 PUFAs 0.5%E ~ 2.0%E，食用n-6/n-3比例合理的油脂必成为一种趋势。亚麻籽油和紫苏籽油因富含ALA，可以满足人们日常摄入ALA的需求，因此常被用作于其他植物油复配生产营养强化油。中国农业科学院油料作物研究所以亚麻籽油、紫苏籽油等富含n-3 PUFAs油脂为主要原料，针对现有食用烹调油产品中存在的n-6/n-3比例过高的突出问题以及学生、孕产妇、婴幼儿等不同人群对脂质营养的需求，创制出n-6/n-3比例合理（2.0 ~ 6.0）、有益脂质伴随物含量丰富的个性化营养调和油。

2.3.2　营养强化食品

亚麻籽油、紫苏籽油等可以以稳定乳液、微米和纳米包封粉末的形式添加到烘焙食品、果汁、乳制品、通心粉和牛肉饼等各种食品配方中。在面包配方中用亚麻籽油部分替代大豆油，使得ALA含量增加以及n–6/n–3比例降低，并且不会对面包质量或感官属性造成负面影响。以亚麻籽油、紫苏籽油替代花生油加入月饼中，能够生产出满足人们营养需求的月饼产品，显著增加月饼中多不饱和脂肪酸的含量，达到强化食品营养的效果。此外，通过凝胶软糖的形式包裹亚麻籽油、紫苏油等，可以在满足味蕾需求的同时，快速补充日常所需ALA。此外，中国农业科学院油料作物研究所以亚麻籽全籽为主要原料，经过微波–浸泡–淋洗–湿磨–调配–均质–灭菌等工艺制得高营养素含量、风味良好、高稳定性的亚麻籽植物奶。该植物奶富含ALA、蛋白、膳食纤维、多酚、维生素、矿物质等人体全生命周期所需营养素，具有良好的营养功能属性，对于植物奶的升级换代意义重大。

2.3.3 保健食品

亚麻籽油和紫苏籽油在保健食品方面的开发应用方面已取得一定进展。中国目前获批的以亚麻籽油作为原料的保健食品共有76件，其中功能涵盖辅助降血脂（21件）、增强免疫力（16件）、辅助改善记忆（13

件）、减肥（6件）、辅助降血糖（4件）、缓解视疲劳
（3件）、延缓衰老（3件）等。中国目前以紫苏籽油为
原料开发的保健食品共有87件，其中功能涵盖辅助降血
脂（39件）、增加免疫力（25件）、辅助改善记忆（10
件）、延缓衰老（4件）、润肠通便（3件）等，并且
作为营养补充及基油产品5件。中国农业科学院油料作
物研究所在2003年以亚麻籽油、维生素E等为原料创制
的胶囊具有显著的降血脂功效。随后又在2012年创制出
亚麻籽油叶黄素银杏叶软胶囊（邓乾春等，2011），这
是国内首款以亚麻籽油为主要原料创制的具有缓解视
疲劳功能的保健食品，经人体试食评价具有预防老花
眼、缓解远视性和近视性疲劳以及改善视屏终端综合征
（VDT）的作用。

3 富含 ALA 油脂及其衍生产品加工技术

3.1 富含 ALA 油脂提取方法

亚麻籽油、紫苏籽油现有的提取方法主要有压榨
法、浸出法、水酶法和超临界二氧化碳法。

3.1.1 压榨法

压榨法是油料作物在机械外力的作用下，将油脂直接从油料中分离出来的一种制油方式。其具体过程是将油料放入机械压榨机中挤压，使油料外壳破碎从而分离出油脂。与浸出法相比，压榨法制油的饼粕中残油率相对较高，但避免了有机溶剂在油、饼粕中残留的毒性问题，符合绿色环保的要求。此外，压榨法具有适用性广、工艺简单、投资少等优点，被大多数中小型油脂企业所采用的，是中国亚麻籽油、紫苏籽油的主要生产方式。根据压榨前亚麻籽、紫苏籽是否进行热处理，一般将压榨法分为低温压榨和热榨。目前，关于低温压榨和热榨食用油品质的优劣尚没有明确的结论。从感官上来看，由于热榨法会影响油脂中多不饱和脂肪酸的稳定性，因此会造成色泽、酸价、过氧化值等理化指标的升高（杨金娥等，2011），但由于发生了美拉德反应，生成了大量糠醛和杂环类化合物，为ALA食用油增添了浓郁的香气（杨金娥等，2013）。相反，低温压榨ALA食用油虽没有异味，保留了产品的原有风味，但其生味不被很多人所接受。从经济上来看，低温压榨法残油率高，生产成本较高。从活性脂质伴随物富集来说，热榨对油料细胞结构破坏更彻底，有利于活性脂质伴随物的溶出。

3.1.2　浸出法

浸出法是利用有机溶剂能够溶解油脂的性质，通过湿润、浸透、分子扩散的作用，将料胚中的油脂提取出来，然后再将油和有机溶剂分离得到毛油（倪培德，2007）。常用的有机溶剂有正己烷、丙烷、丁烷、石油醚等。浸提法能够提高油脂的得率，且蛋白质不容易变性，易于实现自动化生产。近年来，为了提高油脂的溶剂提取效率和得率，还利用了超声波等辅助手段，以有效提高出油率（杜双奎等，2009；韩丹丹等，2012a；张振山等，2014）。通过超声波处理的亚麻籽的扫描电镜结构图可以看出，处理后的亚麻籽中大部分油脂已经被提取出来，而直接浸提则需要更长的时间，并且不同方法提取出来亚麻籽油的脂肪酸组成没有显著差异。

3.1.3　水酶法

水酶法提油技术是在对油料种子机械破碎的基础上采用对脂蛋白以及脂多糖等复合物具有降解作用的酶进行物料处理，进一步破坏细胞结构，增加油脂的流动性，从而使油脂从油料中游离出来的提取方法（王瑛瑶等，2008）。在进行水酶法提取油脂时，要充分考虑酶的种类、料液比、加酶量、酶作用时间、pH值等对油脂得率的影响。常用的酶包括碱性蛋白酶、纤维素酶、半纤维素酶、果胶酶，以及其中两种或两种以上酶的复合物。水酶法提取油脂减少了蛋白质的变性，更重要的是提取出的油脂纯度高、色泽澄清，与传统方法相比，具有绿色环保、操作安全、品质高等优点，但存在酶成本高、油脂提取率偏低、油水易形成乳化液等缺点，因此水酶法提取工艺实现工业化较为困难，仍需不断的探索和研究。

3.1.4 超临界二氧化碳法

超临界二氧化碳法是指以二氧化碳作为流体的超临界流体萃取法。在高压（临界压力以上）和低温（临界温度以上）条件下，二氧化碳呈流体状态，在与物料接触后，选择性地对油料中的油脂进行萃取，随后通过减压和升温的方法使二氧化碳重新变为气体，从而将油脂析出，达到分离状态的一种方法（韩丹丹等，2012b；孙益民等，2013）。二氧化碳在常温下为气体，不会残留在食用油中，且二氧化碳不活泼，不会对生产设备或者原料造成腐蚀或破坏，具有操作安全性。整个生产过程在低温下进行，得到的亚麻籽油、紫苏籽油质量高。但相较于其他工艺，超临界二氧化碳法设备仪器贵，操作繁琐，会增加亚麻籽油、紫苏籽油加工企业的生产成本。

3.2　富含 ALA 油脂精炼工艺

目前，油脂工业上油脂精炼普遍采用水化脱胶、碱炼脱酸、白土脱色、高温脱臭的"四脱"工艺（张明、李桂华、许晓瑞，2010；曲柳等，2013）。该工艺能够很好地降低油脂中磷脂、游离脂肪酸、色素、蜡质等，除去油脂的不良风味，延长油脂的保质期，改善油脂的感官特性。但该工艺设备投资成本大、操作复杂、能耗大、废水排放多，不符合国家倡导的"双碳"发展趋势。此外，亚麻籽油、紫苏籽油中因ALA含量高，在"四脱"精炼高温存在的情况下，容易造成ALA氧化，生成反式脂肪酸等氧化产物，难以脱除（周瑞宝，2010）。且亚麻籽油、紫苏籽油失去了其固有的风味，植物甾醇、维生素E等脂溶性营养物质大量损失，大大降低了富含ALA食用油的营养特性和感官特性。中国农业科学院油料作物研究所通过碱化处理的白土作为吸附剂，能够完全脱除亚麻籽油的苦味物质环亚油肽-E，并且在吸附剂加入量为2%时，能够使亚麻籽油酸价降低到1%以下（朱正伟，2015）。将脱酸和吸附步骤结合的精炼工艺在节约成本、节省时间的基础上，能够达到适度精炼的效果，显著地降低油脂中磷脂、游离脂肪酸及色素的含量，改善了油脂的感官特性（黄庆德，2010）。

3.3 富含 ALA 油脂微囊化技术

微囊化技术是指将固体、液体或者气体利用天然或者合成的高分子成膜材料包埋起来，形成微小粒子的技术。其中，所使用的包埋材料称为壁材，被包埋的物质称为芯材（徐江波，2014）。油脂微胶囊是指利用微胶囊技术，以油脂为芯材，以碳水化合物或蛋白质等具有乳化特性的物质作为壁材，加入复配的小分子乳化剂，经均质和喷雾干燥后形成的粉末状颗粒（杨佳等，2009；李高阳等，2011）。微囊化技术克服了ALA油脂本身不溶于水、难与其他物料混合的弊端，保护了ALA油脂中的活性敏感成分，提高了其氧化稳定性。该技术使液态的油脂变成微细的可流动性固体粉末，增加了油脂的可操作性，拓展了其在食品加工领域的应用，同时也便于运输和保存。此外，微囊化不仅有利于提高ALA油脂的储藏稳定性（Zhang et al., 2015），在被人体摄入之后，壁材还能够保护ALA不与胃液酸性环境接触，使其在小肠阶段逐步释放（Dong et al., 2011；Calvo et al., 2012），增加其稳定性和生物利用率（Drusch et al.，2006；Chung，Sanguansri and Augustin，2008）。油脂微胶囊的制备方法主要有喷雾干燥法、冷冻干燥法、复凝聚法、分子包埋法等，其中喷雾干燥法因其成本低、效率高而成为食品工业中最常用的方法。

3.4　高纯度 ALA 富集技术

高纯度ALA在食品、医药、保健品行业具有广阔的应用前景，全球每年养生保健、食品级医药市场对高纯度ALA的需求为2000吨，这些高纯度ALA可从植物油脂中富集纯化得到（胡小泓等，2001；陈立军、陈焕钦，2004）。目前，用于分离提取ALA的主要原料包括紫苏籽油、亚麻籽油、花椒籽油、猕猴桃籽油等。常用的ALA提纯技术有尿素包合技术、低温结晶技术、银离子络合技术、分子蒸馏法等（胡小泓等，2005），各ALA富集方法比较见表4-2（Schlenk and Holman，1950；Hayes et al.，1998）。

表 4-2　ALA 不同富集方法比较

富集方法	原理	优点	缺点	纯度/%
尿素包合法	脂肪酸不饱和度和碳碳长度的不同	设备及操作简单、成本低	纯度较低、时间长、溶残	60~80

续表4-2

富集方法	原理	优点	缺点	纯度/%
银离子络合法	脂肪酸双键数量的不同	纯度高、硝酸银溶液可反复回收	选择性强、银离子残留、难以工业化	> 90
低温冷冻结晶法	脂肪酸溶解度差异	工艺原理简单、操作方便	分离纯化效率不高、大量有机溶剂	60 ~ 80
分子蒸馏法	不同分子键平均自由程不同	工序简单、纯度高	设备要求高、不易工业化	> 90

4 富含 ALA 植物油市场和消费现状

4.1 主要生产企业

目前，国内尚无市场占有率较高的亚麻籽油、紫苏籽油品牌出现，整体市场较为分散。

4.1.1 亚麻籽油主要生产企业

（1）锡林郭勒盟红井源油脂有限责任公司。锡林郭勒盟红井源油脂有限责任公司始建于1983年，是以生产亚麻籽油为主，集研发、销售、服务于一体的大型现代化民营企业，是亚麻籽油国家标准起草单位，打造出了"红井源"品牌系列绿色健康食品。公司新建占地20万 m^2 的现代化粮油生产基地，年产亚麻籽油6万吨，储藏能力3万吨。

（2）宁夏君星坊食品科技有限公司。君星坊主要致力于亚麻籽系列健康产品研发、食用植物油精深加工和健康产业发展，先后开发了"君星坊""伊星""臻智亚麻""麻乡味"四大品牌，主要包括亚麻籽油、亚麻籽全营养膳食补充剂、亚麻籽蛋白、亚麻籽天然营养提取物等四大类系列产品。

（3）宁夏六盘珍坊生态农业科技有限公司。宁夏六盘珍坊生态农业科技有限公司成立于2011年，在宁夏固原市经济技术开发区轻工产业园区投资建设"六盘山亚麻（胡麻）产业融合发展园"，占地面积33772m²，是一家专业从事原生态有机农产品种植、加工、销售为一体的生态农业科技企业。公司依托六盘山天然无污染的亚麻籽种植基地，主要生产有中国地标产品固原胡麻油、六盘山高原（有机）亚麻籽油、α-亚麻酸软胶囊、亚麻蛋白粉等系列产品，年深加工能力达2万吨，注册有"六盘珍坊""我爱六盘""宁亚怡好""聪明的油"等商标。

（4）呼和浩特市蒙谷香生物科技有限公司。呼和浩特市蒙谷香生物科技有限公司成立于2011年，依托内蒙古地区独特的原料优势，致力于亚麻产业的综合开发利用，主营产品为"蒙谷香牌"亚麻籽油、有机亚麻籽、亚麻籽油凝胶糖果等。

（5）张家口市鹿源营养油脂有限公司。张家口市鹿源营养油脂有限公司位于河北省张家口市涿鹿县，主要以内蒙古亚麻籽为原料，采用低温压榨和物理精炼等工艺加工生产亚麻籽油，产品包括"鹿源牌"有机亚麻籽油、"益力美牌"有机亚麻籽油、"益力美牌"亚麻粉、"益力美牌"亚麻酸凝胶糖果等。

（6）张家口市馨特植物油有限公司。张家口市馨特植物油有限责任公司，是一家集研发、生产、加工、包装、销售于一体的综合性植物油油脂生产企业。公司位于河北省张家口市高新技术产业开发区，现拥有两套自动油脂生产线，主要生产一级、二级压榨亚麻籽油，其生产的工业用亚麻油具有色泽浅、碘值高、酸价低等特点。

4.1.2 紫苏籽油主要生产企业

（1）李时珍保健油（湖北）有限公司。李时珍保健油（湖北）有限公司位于湖北省黄岗市蕲春县，是一家集保健食品、营养功能食品、食用植物油、特种营养油研发、生产和销售于一体的综合性企业。公司占地30000 m^2，拥有世界一流的油脂压榨、精炼生产线、紫苏低温压榨生产线。公司具有年产1.9万吨高档营养调和油、特种植物油0.5万吨、紫苏籽油软胶囊1亿粒的生产能力。

（2）黑龙江珍爱生物科技有限公司。黑龙江珍爱生物科技有限公司主要从事紫苏系列产品的深加工等绿色健康产业，位于黑龙江省鸡西市鸡东县，厂区总用地面积89274m²，总建筑面积29162.8m²。项目建成后，公司年产量达到紫苏油0.1万吨、紫苏粕0.2万吨、紫苏油微囊0.036万吨，逐步形成深加工紫苏系列产品的能力，是从事紫苏系列产品综合开发的专业化公司。

（3）其他企业。河北家丰植物油有限公司、辽宁晟麦实业股份有限公司、通化三生农林开发有限公司、桦南农盛园食品有限公司、菏泽中禾健元生物科技有限公司等公司均为国内主要紫苏籽油生产商。

4.2 消费现状

随着消费者对健康的重视，消费者对食用油的需求也有所提高，亚麻籽油和紫苏籽油的出现正迎合了消费者的需求，未来两种油脂的市场渗透率也将提高。中国营养学会发布的《中国居民膳食营养素参考摄入量（2013版）》，首次增加了ALA摄入量推荐值，推荐中国居民ALA摄入量以1600～1800mg/d为宜。以中国14亿人口计算，每年ALA消费总量约为70万吨，需要ALA含量50%的植物油140万吨，亚麻籽油与紫苏油作为ALA补充潜力最大的两种植物油，总产量不足50万吨，缺口明显。

目前，中国亚麻籽油处于需求大于供给的阶段，每年都需要从国外进口大量的亚麻籽和亚麻籽油来满足国内的市场需求。作为世界第二大亚麻籽进口国，中国的贸易量占世界总量的近四分之一。2013年以前，中国进口亚麻籽近99%来自加拿大，极少量来自俄罗斯、美国和新西兰。2014—2015年，中国从美国和加拿大进口亚麻籽。2016年，中国恢复从俄罗斯进口亚麻籽，进口量占进口总量的7.4%，并且在2017年占比增加到15.0%。2017年国产亚麻籽油的产量达到19.2万吨，进口量为3.2万吨，消费量达到21.37万吨，市场规模达到276.75亿元。2018年，中国进口亚麻籽39.8万吨，亚麻籽油4.2万吨。2019年，中国进口亚麻籽达到42.7万吨，亚麻籽油进口量进一步增长到5.1万吨。中国对于亚麻籽及亚麻籽油的需求量呈现逐年上升的态势，亚麻籽油市场存在较大缺口。

整体来看，中国亚麻籽的产量目前处于平稳的状态，但是随着亚麻籽油越来越受消费者欢迎，市场需求还将进一步扩大，市场需求大于供给的状态还将持续。

紫苏在中国大量种植，主要分布在东北、西南、江浙等地区，资源较为丰富，但市场集中度不高，市场上尚缺少龙头企业。2019年，全球紫苏籽油产量将近7万吨，市场规模达到了52亿元，预计2026年将达到104亿元，年复合增长率达到10.6%。由此可见，同亚麻籽油一致，紫苏籽油同样具有广阔的市场前景。

4.3 市场趋势

目前来看，由于亚麻籽油、紫苏籽油市场份额相比大宗食用油少之又少，市场接受度也有待进一步提高。因此，各亚麻籽油、紫苏籽油加工企业均在寻求产品创新，并拓展销售渠道。

4.3.1 原料端

价格是使亚麻籽油、紫苏籽油能否在市场上具备竞争力，继而走向百姓餐桌的关键。由于亚麻籽油和紫苏籽油产量有限，无法实现大量生产，导致其生产成本较高。育种及栽培技术方面的突破和收获机械化程度提升仍是降低亚麻籽油和紫苏籽油生产成本的重中之重。利用山坡、丘陵等不良和废弃耕地，从播收机械化、种植标准化、病虫害防治和肥料添加等多维度对亚麻和紫苏等油料进行富含ALA、丰产、栽培性状优良后代扩繁，确定适宜种植范围、产量指标和必要的栽培措施等，建立亚麻和紫苏的集约化栽培技术，降低亚麻籽油和紫苏籽油生产成本。此外，可通过进一步完善亚麻、紫苏原料功能组分数据库，明确亚麻籽和紫苏籽的品种、产地、收获时间等属性，为两种油料的分类和靶向加工提供数据支撑。

4.3.2 加工端

产品创新离不开技术的支持。亚麻籽油、紫苏籽油加工企业需与科研机构合作，共同攻克技术难题。例如亚麻籽油因其特有的腥味和苦味，非产区居民不习惯、无法接受，使得亚麻籽油销售范围较窄。中国农业科学院油料作物研究所鉴定出亚麻籽油中的主要苦味物质，通过低碳醇溶剂提取可将苦味物质从亚麻籽油中萃取出来，去除亚麻籽油中的苦味成分。同时，他们建立的固相吸附、冷冻精炼等工艺耦合亚麻籽油脱苦技术，突破了亚麻籽油口感不佳的产业问题，提高了亚麻籽油的感官特性，使亚麻籽油更适应不同地区人群食用。此外，目前企业以生产油为主要目标，产业链短，基本都是单一产品支撑，造成整个产业的加工企业同质化竞争激烈。充分挖掘亚麻籽和紫苏籽加工特性和生物活性组分，创制油脂、蛋白质、多肽、木酚素、低聚糖等营养强化剂、食品添加剂、新食品原料等，实现对亚麻和紫苏的全值化和高值化利用。此外，利用亚麻籽、紫苏籽等油料营养功能全面、功效突出等特点，创制油料基烘焙食品、休闲食品、饮品等多样化的营养功能食品。

4.3.3　消费端

多向消费者进行积极、正面的宣传同样不能忽视。消费者普遍对 n-3 PUFAs 了解不够，没有认识到多摄入 ALA 的重要性。应进一步加大对亚麻、紫苏营养价值、药用价值、保健功能的宣传力度，通过政府、协会、学会等权威机构和知名专家学者的认证和宣传，在政策、资金等方面积极扶持。各大亚麻籽油、紫苏籽油生产企业应树立品牌意识，保证名优产品的信誉度和知名度，不断提高竞争力，并利用好互联网社交平台，积极向公众普及 ALA 摄入的重要性，提升消费者对亚麻籽油和紫苏籽油等富含 n-3 PUFAs 食用油的认知。

5　展望和挑战

富含 ALA 的亚麻籽油、紫苏籽油越来越多地进入了人们的视野和引起了各行业的重视。随着科技驱动创新、创新促进发展、发展带动效益的产业化模式在农业和食品工业的应用，如何实现特色油料产业的高质量发展、提升ALA的摄入质量和水平、充分发挥营养健康效应，既具有巨大的发展潜力，也面临着种种挑战。

5.1 展望

5.1.1 ALA 的消费需求将持续增长

在全球范围内，随着经济水平的提高、人口老龄化加剧以及疾病谱的改变，消费者对健康越来越重视，对富含ALA产品的需求也越来越高。但目前ALA在日常食物中的含量极少，通过膳食营养补充足量ALA是目前最高效的方法。此外，ALA也是胎儿发育所必需脂肪酸，对胎儿智力发育、视神经发育具有不可替代的作用。在国家开放三胎的政策基础上，ALA市场容量将突破百亿规模。

5.1.2 ALA 的摄入途径趋向多样化

目前，亚麻籽油、紫苏籽油企业主要以生产油为主要目标，产业链短，产品同质化严重，并且造成大众摄入ALA渠道单一。近年来，在北美开发的亚麻食品越来越多。例如，标明含有ALA的新食品已经从20世纪90年代的极个别发展到现在的数千个，食品领域的亚麻籽的用量大幅增加。中国在亚麻、紫苏及其产品的高值化加工上，需要尽可能延长产业链条，相关企业与科研单位开展产学研合作，充分挖掘亚麻籽油、紫苏籽油在植物奶、固体饮料、保健食品等方面的开发潜力，保证ALA的摄入途径多样化。

5.1.3　ALA 的利用向高值、高质量发展

ALA具有多种营养健康功效，国外已经将ALA市场由传统产业升级到生物制药、特医食品等高新技术领域。在中国，《中国糖尿病医学营养治疗指南（2013）》中提出增加n-3 PUFAs的摄入有助于预防糖尿病的发生。因此，建立医用、药用ALA产业化种植及加工体系具有非常重要的经济和社会意义。

鉴于ALA的重要性和人们普遍摄入缺乏的现状，FAO和WHO于1993年联合发表声明，在世界范围内专项推广ALA及其代谢物。欧美等西方国家及日本等国都立法规定，指定食品中必需添加ALA及其代谢物方可销售。中国医学和营养学界的专家根据中国ALA摄入缺乏的情况，纷纷呼吁国家立法补充ALA。因此，ALA在国内外均受到广泛关注，ALA系列高值化、高质化产品的开发和生产具有广阔的发展前景。

5.2　挑战

5.2.1　ALA 转化为 DHA、EPA 的效率有待提高

ALA在人体内向EPA、DHA的代谢转化不仅受性别、年龄、基因等内在因素的影响外，还受到膳食结构（如摄入形式、膳食基质）的潜在调控，但整体转化率偏低。通过膳食基质（如特定多酚、蛋白质、多糖等）和构建特异性口服递送体系，有望通过调控脂质的消化吸收速率和位点、相关转化酶的表达来直接或间接提升ALA的代谢转化效率，对于强化ALA生物活性、预防慢性疾病发生发展能力具有重要意义。

5.2.2　ALA 供给水平和能力还需进一步加强

国家《粮油加工业"十三五"发展规划》指出，要"优化产品结构，适应城乡居民膳食结构及营养健康水平日益提高的需求，增加满足不同人群需要的优质化、多样化、个性化、定制化粮油产品供应"；要"增加亚麻籽油、红花籽油、紫苏籽油等特色小品种油供应"。因此，亚麻籽油和紫苏籽油，以及牡丹籽、火麻仁、花椒籽等富含ALA油料作物的产业化符合国家小品种油脂发展需要，符合广大居民日益重视身体健康的需要。但是，如何提高富含ALA小品种油料的优良品种选育水

平,扩大其种植面积,提高其供给能力,将成为下一步富含ALA油料的发展目标。

5.2.3 ALA油料作物生产和加工效益亟待提升

随着科学技术的发展,亚麻加工的高科技、高层次、高值化趋势也十分显著。亚麻籽和紫苏籽功能食品和保健食品的开发,亚麻、紫苏饼粕蛋白质综合利用,特别是亚麻胶、木酚素、高纯度ALA的提取应用,可使亚麻籽和紫苏籽加工的利润空间成倍增长。此外,ALA在加工、储存和食用过程中,如何保证其不发生氧化反应,改善风味口感,增强营养健康效应,提高其应用价值及加工效益,将是中国亚麻籽油、紫苏籽油业界同仁需共同努力解决的难题。

5.3 总结

植物性n-3 PUFAs无疑是解决人们脂肪酸摄入比例不合理和慢性疾病高发问题的优质选择。虽然目前在产量、成本、产品质量等问题上还存在着很大挑战,但随着育种、栽培技术的进步和食品加工技术的快速发展,这些问题都有望得到解决。亚麻籽油、紫苏籽油等富含ALA的植物油及其深加工产品将会逐步走向人们的餐桌,成为n-3 PUFAs补充的新潮流。

● **参考文献**

陈立军，陈焕钦，2004.分子蒸馏技术及其应用的研究进展[J].香料香精化妆品(5): 22-26.

陈亮，2011.核桃油、紫苏油、α-亚麻酸,亚油酸对大鼠学习记忆的影响[J].中国油脂，36(10)：33-37.

邓乾春，黄凤洪，黄庆德，等，2011.亚麻籽油软胶囊缓解视疲劳作用[J].食品研究与开发，32(1): 118-122.

邓泽元，周潇奇，黄玉华，等，2008.中国居民20年间食物脂肪酸摄入量调查分析[J].食品与生物技术学报，27(1): 7-19.

杜双奎，于修烛，王青林，等，2009.超声波辅助提取亚麻籽油的研究[J].中国粮油学报，24(4): 90-94.

龚东平，胡耀池，张红漫，等，2010.游离脂肪酸对DHA油脂氧化稳定性的影响[J].食品与发酵工业(11): 30-33.

韩丹丹，吴文夫，魏建华，等，2012a.正交设计优化亚麻籽油提取工艺的研究[J].人参研究，24(3): 1671-1521.

韩丹丹，吴文夫，徐涛，等，2012b.超临界CO_2萃取亚麻籽油工艺的研究[J]. 人参研究，24(4): 37-39.

胡小泓，潘成杰，王超，等，2001. 葵花油中不饱和脂肪酸的富集工艺研究[J]. 西部粮油科技，26(2): 16-18.

胡小泓，张新才，周临桃，等，2005. 尿素包合物固相中回收脂肪酸的工艺研究[J]. 食品科学，26(11): 121-124.

黄庆德，邓乾春，刘昌盛，等，2010. 一种食用亚麻籽油萃取脱苦方法：CN101658211A[P]. 2010-03-03.

李高阳，丁霄霖，2005. 亚麻籽油中脂肪酸成分的 GC-MS 分析[J]. 食品与机械，21(5): 37-39.

李高阳，李忠海，任国谱，2011. 配方食品中功能油脂及其微胶囊化研究进展[J]. 食品与机械，27(2): 156-160.

林非凡，谭竹钧，2012. 亚麻籽油中 α-麻亚麻酸降血脂功能研究[J]. 中国油脂，37(9): 44-47.

刘利晓，2007. 富含 n-3 多不饱和脂肪酸鸡肉的研究[D]. 武汉：华中农业大学.

刘滢，2019. 油脂煎炸过程中 9,10-环氧硬脂酸的形成规律及其对 HepG2 细胞影响的研究[D]. 无锡：江南大学.

倪培德，2007. 油脂加工技术[M]. 2版. 北京：化学工业出版社.

曲柳，张健，平清伟，等，2013. 碱浸对硅藻土性能的影响[J]. 水处理技术，39(6): 34–36.

苏杭，2018. 亚油酸和α–亚麻酸的摄入比例对体内炎症因子及高度不饱和脂肪酸合成通路的影响[D]. 无锡：江南大学.

孙益民，陈海娟，张晓，等，2013. 超临界二氧化碳萃取亚麻籽油工艺的可视化分析[J]. 天然产物研究与开发，25(4): 533–538.

王岚，夏继成，2011. 紫苏油的研究现状及应用[J]. 黑龙江科技信息(35):1.

王瑛瑶，贾照宝，张霜玉，等，2008. 水酶法提油技术的应用进展[J]. 中国油脂，33(7): 24–26.

徐江波，2014. 亚麻籽深加工关键技术研究[D]. 西宁：青海师范大学.

杨春英，刘学铭，陈智毅，2013. 15种食用植物油脂肪酸的气相色谱–质谱分析[J]. 食品科学，34(6): 211–214.

杨金娥，黄庆德，郑畅，等，2011. 烤籽温度对压榨亚麻籽油品质的影响[J]. 中国油脂，36(6): 29–33.

杨金娥，黄庆德，周琦，等，2013. 冷榨和热榨亚麻籽油挥发性成分比较[J]. 中国油料作物学报，35(3):

321–325.

杨晓静，王立众，李和，2006. 紫苏子油不皂化物的分离与分析[J]. 中国油料作物学报，28(2): 207–209.

张明，李桂华，许晓瑞，2010. 酶催化高酸价米糠油酯化脱酸工艺的研究[J]. 河南工业大学学报（自然科学版），31(5): 18–21.

张绪霞，董海洲，刘传富，2006. 新型月饼的研究[J]. 食品与发酵工业(9): 92–95.

张振山，刘玉兰，张丽霞，等，2014. 超声波辅助提取对亚麻籽油得率和品质的影响[J]. 中国粮油学报，29(8): 90–94.

周瑞宝，2010. 特种植物油料加工工艺[M]. 北京：化学工业出版社.

朱正伟，2015. 亚麻籽压榨制油及吸附精炼工艺的研究[D]. 北京：中国农业科学院.

BAKER R G, HAYDEN M S, GHOSH S, 2011. NF-κB, inflammation, and metabolic disease [J]. Cell Metabolism, 13(1): 11–22.

CALVO P, LOZANO M, ESPINOSA-MANSILLA A, et al., 2012. In-vitro evaluation of the availability of ω–3 and ω–6 fatty acids and tocopherols from microencapsulated walnut oil[J]. Food Research International, 48(1): 316–321.

CHIANG Y F, SHAW H M, YANG M F, et al., 2011. Dietary oxidised frying oil causes oxidative damage of pancreatic islets and impairment of insulin secretion, effects associated with vitamin E deficiency[J]. British Journal of Nutrition, 105(9): 1311–1319.

CHUNG C, SANGUANSRI L, AUGUSTIN M A, 2008. Effects of modification of encapsulant materials on the susceptibility of fish oil microcapsules to lipolysis[J]. Food Biophysics, 3: 140–145.

DE LORGERIL M, SALEN P, 2012. New insights into the health effects of dietary saturated and omega–6 and omega–3 polyunsaturated fatty acids[J]. BMC Medicine, 10(1): 1–5.

DE SOUZA N E, MATSUSHITA M, DE OLIVEIRA C C, et al., 2007. Manipulation of fatty acid composition of Nile tilapia (Oreochromis niloticus) fillets with flaxseed oil[J]. Journal of the Science of Food and Agriculture, 87(9): 1677–1681.

DONG Z, MA Y, HAYAT K, et al., 2011. Morphology and release profile of microcapsules encapsulating peppermint oil by complex coacervation[J]. Journal of Food Engineering, 104(3): 455–460.

DRUSCH S, SERFERT Y, VAN DEN HEUVEL A, et al., 2006. Physicochemical characterization and oxidative stability of fish oil encapsulated in an amorphous matrix containing trehalose[J]. Food Research International, 39(7): 807–815.

EDER K, SUELZLE A, SKUFCA P, et al.,2003. Effects of dietary thermoxidized fats on expression and activities of hepatic lipogenic enzymes in rats[J]. Lipids, 38(1): 31–38.

Guillén M D, Goicoechea E, 2008. Toxic Oxygenated α, β –Unsaturated Aldehydes and their Study in Foods: A Review[J]. Critical Reviews in Food Science and Nutrition, 48(2): 119–136.

HAYES D G, BENGTSSON Y C, VAN ALSTINE J M, et al.,1998. Urea complexation for the rapid, ecologically responsible fractionation of fatty acids from seed oil[J]. Journal of the American Oil Chemists' Society, 75(10):1403–1409.

KOHLI P, LEVY B D, 2010. Resolvins and protectins: mediating solutions to inflammation[J]. British Journal of Pharmacology, 158(4): 960–971.

MIYATA J, ARITA M, 2015. Role of omega–3 fatty acids and their metabolites in asthma and allergic diseases[J]. Allergology International, 64(1): 27–34.

MÖHN E S, ERDMAN Jr J W, KUCHAN M J, et al.,2017. Lutein accumulates in subcellular membranes of brain regions in adult rhesus macaques: Relationship to DHA oxidation products[J]. PLoS ONE, 12(10): e0186767.

OKUNO M, KAJIWARA K, IMAI S, et al., 1997. Perilla oil prevents the excessive growth of visceral adipose tissue in rats by down−regulating adipocyte differentiation[J]. Journal of Nutrition, 127(9): 1752−1757.

PARK H G, PARK W J, KOTHAPALLI K S D, et al., 2015. The fatty acid desaturase 2 (FADS2) gene product catalyzes $\Delta 4$ desaturation to yield n−3 docosahexaenoic acid and n−6 docosapentaenoic acid in human cells[J]. Faseb Journal, 29(9): 3911−3919.

SCHLENK H, HOLMAN R T, 1950. Separation and stabilization of fatty acids by urea complexes1[J]. Journal of the American Chemical Society, 72(11): 5001−5004.

SINGH H, KUMAR C, SINGH N, et al., 2018. Nanoencapsulation of docosahexaenoic acid (DHA) using a combination of food grade polymeric wall materials and its application for improvement in bioavailability and oxidative stability[J]. Food & Function, 9(4): 2213−2227.

SYNDROME M, 2006. Metabolic syndrome, inflammation and atherosclerosis[J]. Vascular Health and Risk Management, 2(2): 145.

TENG K T, CHANG C Y, CHANG L F, et al., 2014. Modulation of obesity−induced inflammation by dietary fats: mechanisms and clinical evidence[J]. Nutrition Journal, 13(1): 1−15.

XIE M Z, SHOULKAMY M I, SALEM A M H, et al., 2016. Aldehydes with high and low toxicities inactivate cells by damaging distinct cellular targets[J]. Mutation Research, 786: 41−51.

YEN P L, CHEN B H, YANG F L, et al., 2010. Effects of deep−frying oil on blood pressure and oxidative stress in spontaneously hypertensive and normotensive rats[J]. Nutrition, 26(3): 331−336.

ZHANG Q, SALEH A S M, CHEN J, et al., 2012. Chemical alterations taken place during deep−fat frying based on certain reaction products: A review − ScienceDirect[J]. Chemistry and Physics of Lipids, 165(6): 662−681.

ZHANG T, ZHAO S, LI W, et al., 2014. High−fat diet from perilla oil induces insulin resistance despite lower serum lipids and increases hepatic fatty acid oxidation in rats[J]. Lipids in Health & Disease, 13(1): 15–15.

ZHANG Y, TAN C, ABBAS S, et al., 2015. Modified SPI improves the emulsion properties and oxidative stability of fish oil microcapsules[J]. Food Hydrocolloids, 51: 108–117.